Python & Numerical Analysis

PUBLICATION INDUSTRY PROMOTION AGENCY OF KOREA
2024
세종도서
한국출판문화산업진흥원

파이썬과 수치해석

권기운 지음

KYOWOO

머리말

4차 산업혁명은 인터넷, 인공지능, 빅데이터 등의 기술이 결합되어 혁신적인 변화를 이끌어내는 시대를 말합니다. 이러한 변화 속에서 인공지능은 핵심 기술 중 하나로 대두되고 있습니다. 인공지능은 사람의 학습 능력과 유사한 기능을 수행하는 소프트웨어와 하드웨어를 개발하고 연구하는 분야입니다. 이를 통해 우리는 더 나은 예측, 의사 결정 및 문제 해결 능력을 얻을 수 있습니다.

파이썬은 인공지능 및 데이터 분석 분야에서 가장 인기 있는 프로그래밍 언어 중 하나입니다. 파이썬은 문법이 간결하고 가독성이 높아서 쉽게 배울 수 있으며, 수많은 라이브러리와 모듈을 제공하고 있어서 다양한 분야에서 활용이 가능합니다. 또한 파이썬은 오픈 소스이기 때문에 무료로 사용할 수 있습니다.

수치해석은 수학적 문제를 컴퓨터를 이용하여 근사적으로 해결하는 방법을 말합니다. 수치해석은 공학 및 과학 분야에서 매우 중요한 역할을 합니다. 파이썬에서는 NumPy, SciPy, Pandas 등의 라이브러리를 사용하여 수치해석을 수행할 수 있습니다.

이처럼 4차 산업혁명 시대에는 인공지능, ChatGPT, 파이썬, 수치해석 등의 기술이 상호 보완적으로 발전해 나가며 우리의 삶을 더욱 편리하고 직관적으로 만들어 나갈 것입니다.

*2023년 5월 10일 ChatGPT와 함께 머리글을 작성해 보았습니다.

이 책은 2010년부터 동국대 수학과에서 '수치해석 및 실습'과목에서 강의했던 강의 노트와 처음엔 Matlab코드로 작성했던 것을 2021년 이후 파이썬으로 옮기면서 만들었던 파이썬 코드를 정리하여 작성하였습니다.

수치해석의 많은 부분을 담지는 않았으며, 고급 파이썬 기술들을 구사하지는 않았지만, 기본에 충실하려 하였고, 이론과 프로그래밍이 유기적으로 연결되는 데 중점을 두어 썼습니다. 수치해석 부분은 서적 [1]을 주로 참고하였으며, 파이썬 부분은 [2,3]을 참고하였습니다.

수치해석을 일구고 고민하였던 많은 수학자, 공학자들과 파이썬을 오픈소스로 개발하여 널리 쓰이게 하였던 프로그래머들 덕분에 부족하나마 이런 책을 쓸 수 있었고, 수치해석을 프로그래밍하며 학문의 꿈을 키워나갔던 '수치해석 및 실습'과목을 들었던 학생들과의 소통 덕분에 조금 더 풍성한 내용으로 채워나갈 수 있었던 것 같습니다.

최근 널리 사용되는 ChatGPT를 비롯한 4차 산업혁명의 여러 기술들이 앞으로 세상에 어떤 영향을 미칠지 조심스레 기대하고 지켜보면서, 여러 가지 생성된 정보들을 수치해석으로 분석할 수 있고, 제시된 파이썬 프로그램을 이해하고 수정할 수 있는 준비된 일꾼이 새로운 시대를 꿈꾼다는 마음으로, 또한 이 책을 읽는 이들이 새로이 4차 산업혁명시대를 개척해 나가는 데 조금이나마 도움이 되었으면 하는 마음으로 이 책을 씁니다.

권기운

동국대학교 과학관에서

··· 차 례

차 례 ···

제 1 장

파이썬과 친해지기

이 책에서는 수치해석의 이론을 구현하기 위한 프로그래밍 언어로 최근 심층기계학습(Deep learning)등의 분야에서 활발하게 사용되고 있는 파이썬을 이용하려고 한다. 파이썬은 윈도우(Windows), 유닉스(Unix), 리눅스(Linux), 맥(Mac) 등의 대부분의 운영체제(OS: Operating System)에서 활용이 가능하고, 간결하고 쉬운 문법을 가지고 있어서, 구글(Google), 인스타그램(Instagram), 넷플릭스(Netflix), 드롭박스(Dropbox) 등에서 다른 프로그래밍 언어들과 같이 널리 용되고 있다.

1.1 파이썬 만나기

파이썬을 설치하는 방법에는 여러 가지가 있지만, 이 책에서는 Continuum Anlaytics에서 개발한 Anaconda 배포판을 사용하였다. **아나콘다**는 패키지 관리와 배포를 할 목적으로 만들어진 파이썬이나 R 언어의 공개 소스 배포판이다. 패키지 버전들은 패키지 관리 시스템 conda를 통하여 관리된다.

설치 옵션에서는 32bit/64bit 운영체제 선택, 약관 동의, All users/ Just me 사용자 선택, 설치 폴더 지정, 추가 옵션 선택 등이 있다.

아나콘다가 성공적으로 설치되었다면 다음과 같은 순서로 파이썬 편집기 **스파이더**(Spyder)에 접근할 수 있다. 윈도우 창 왼쪽 하단의 윈도우 아이콘을 클릭하면 그림 1.1과 같은 화면이 나오고 여기에서 Anaconda3를 클릭하여 그림 1.2가 나오면 Spyder를 클릭한다. 이 때 중간에 그림 1.3과 같은 스파이더 로고가 뜨고, 그림 1.4와 같은 스파이더 편집기(Editor) 화면을 접할 수 있다.

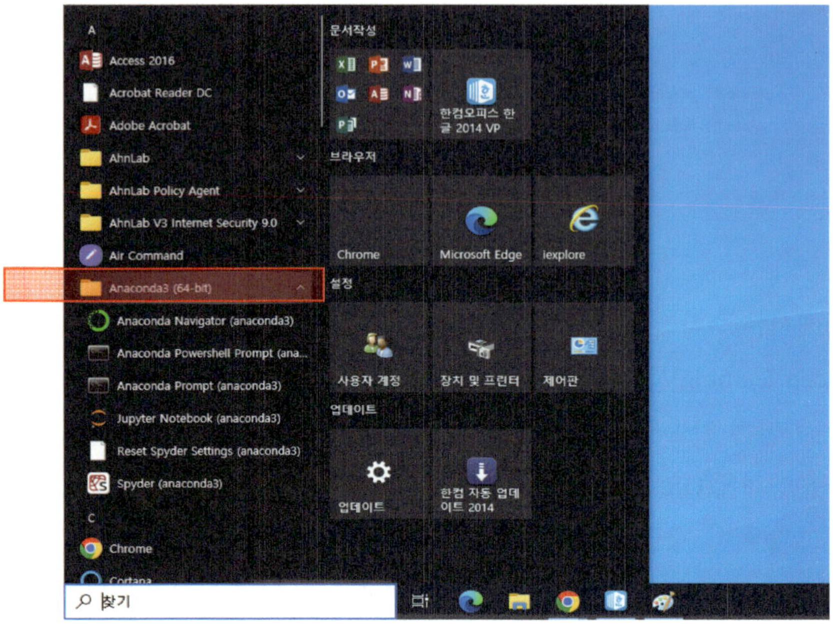

그림 1.1 윈도우 아이콘 클릭하면 나오는 화면

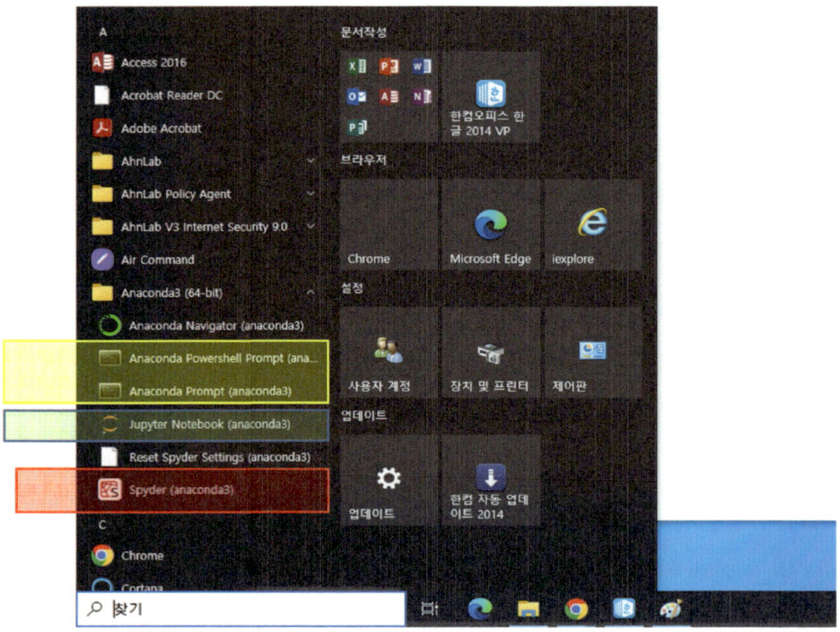

그림 1.2 아나콘다 아이콘을 클릭하면 나오는 화면

그림 1.3 스파이더 로고

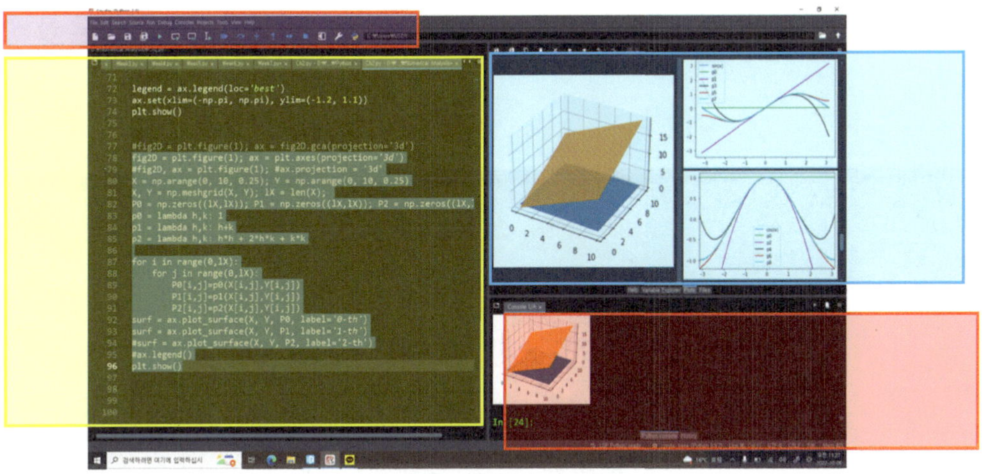

그림 1.4 Spy Editor

이 아나콘다에는 스파이더 편집기 외에 그림 1.2에 나타나는 것과 같이 다른 편집기로 쓸 수 있는 쥬피터 노트북(Jupyter Notebook)과 아나콘다 프롬프트(Anaconda prompt)도 있다. 아나콘다에서 제공하는 에디터 외에도 IDLE (Integrated Development and Learning Environment) 에디터, Visual C++와 비슷한 환경을 가진 Visual Studio Code(code.visualstudio.com) 에디터, 파이참(PyCharm) 에디터(www.jetbrains.com/pycharm/download) 등이 있다. 그리고, 개인 컴퓨터나

공용 컴퓨터에 깔지 않아도 되고 다른 여러 가지 모듈도 깔지 않아도 되며, 온라인으로 접속해서 사용할 수 있는 Google Colab도 있다.

스파이더 에디터에 대해서 잠깐 설명하자면, 그림 1.4의 왼쪽 아래 노란 부분은 파이썬 명령어들을 모아놓고 실행시킬 수 있는 확장자가 .m인 파일을 보여주고 있다. 그림 1.4의 오른쪽 위 하늘 색 부분은 Help, Plots, Variable Explorer, Files 탭에 대한 부분으로 Plots 탭 부분을 클릭한 결과가 그림에 나와 있다. 좀 더 구체적으로, 하늘 색 부분의 왼쪽에는 가장 최근에 실행한 그림, 오른쪽에는 과거에 실행했던 그림들이 역순으로 나와 있다. Help 탭을 클릭하면 명령어들에 대한 설명을 볼 수 있고, 변수 탐색기(Variable Explorer) 탭을 클릭하면 실행한 변수들에 대한 정보를 그림 1.5와 같이 볼 수 있다. 파일(Files) 탭을 클릭하면 각 파일에 대한 정보도 볼 수 있다.

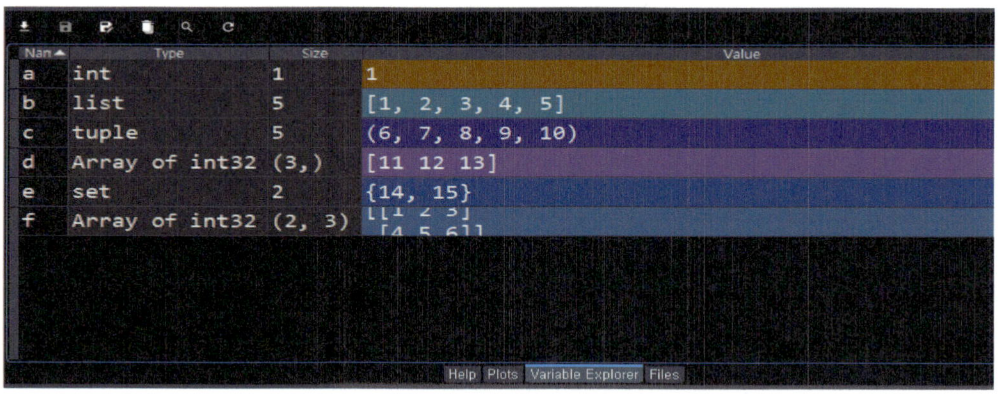

그림 1.5 변수 탐색기(Variable Explorer)

그림 1.4의 오른쪽 아래 붉은 색 부분의 iPython console 탭은 실행한 명령어와 그에 대한 결과들을 볼 수 있고, 실행한 그림도 선택사항을 잘 선택하면 볼 수 있다. 이 탭에서는 그림 1.6과 같이, 프로그램 실행 시 나타나는 여러 가지 에러 메시지를 볼 수 있는 데, 빨간 색으로 쓰여진 TypeError 등과 같은 부분을 유심히 보고 수정하여야 프로그램을 잘 짤 수 있다.

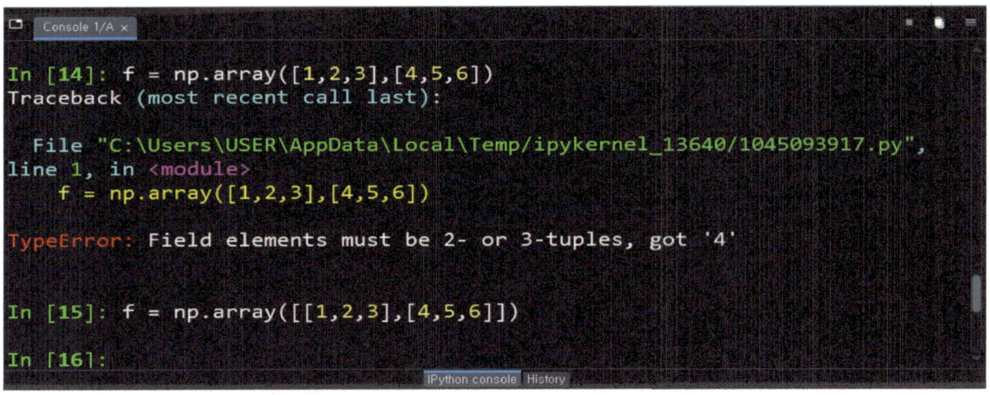

그림 1.6 파이썬 컨솔(iPython console) 탭

그림 1.4의 왼쪽 위의 보라색 부분에는 여러 가지 탭이 있는데, 그 중에 녹색 삼각형 아이콘은 파일 전체를 실행하는 탭이고, I 아이콘은 커서가 있는 줄이나 블록으로 지정되어진 부분을 실행하는 탭이다.

그림 1.5의 변수탐색기를 보면 파이썬에서 사용하는 변수들 정수(int), 리스트(list), 튜플(tuple), 집합(set)과 numpy 모듈에서 사용하는 배열(array) 변수들을 볼 수 있다. 리스트, 튜플 자료형과 numpy.array 자료형의 비교는 1.3절에서 다룰 것이며 다른 자료형에 대해서는 [2]를 참고하자.

1.2 파이썬 내부 둘러보기

파이썬의 명령어들은 아무것도 안 부르고 할 수 있는 명령어들이 있고, 각 분야별로 사용되어지는 함수들을 모아놓은 **모듈**(Module)을 임포트(import) 명령어를 통해 불러와야 사용할 수 있는 명령어들이 있다. 모듈에 들어있는 여러 중요한 명령어들은 다음 절에서 다루기로 하고 이절에서는 파이썬에 내재된 함수들에 대해 Python Code 1.1을 통해서 알아보기로 하자.

Python Code 1.1

```
# Python Code 1.1 written by Kiwoon Kwon
# print
print('파이썬으로 하는 수치해석')
print('x=',10)
y=20; print('y=',y)
print('y=%d'%y) #%d 정수
z=12.123456; print('z= %.4f'%z)
print('z= %10.4f'%z)

#사칙연산
print('2023+2024=',2023+2024)
print('2023-2024=',2023-2024)
print('2023*2024=',2023*2024)
print('2023/2024=',2023/2024)
print('2023/2024= %.5f'%(2023/2024))

#관계연산자
print('0<1',0<1)
print('0<=1',0<=1)
print('0==1',0==1)
print('0>1',0>1)
print('0>=1',0>=1)

#논리연산자
print('0 and 0 = ',0 and 0)
print('10 and 0 = ',10 and 0)
print('0 and 11 = ',0 and 11)
print('10 and 11 = ',10 and 11)
print('[0,0,0] and {hello}',[0,0,0] and 'hello')
print('[] and {hi}', [] and 'hi')

print('0 or 0 = ',0 or 0)
print('10 or 0 = ',10 or 0)
print('0 or 11 = ',0 or 11)
print('10 or 11 = ',10 or 11)
print('[0,0,0] or {hello}',[0,0,0] or 'hello')
print('[] or {hi}', [] or 'hi')

# for, range
```

```
x = range(0,9,2)
print(x) # [0,2,4,6,8,10]

for x in range(0,9,2):
    a = 10**x
    print('(x,10**x)=(',x,',',a,')')

#if, elif, else
for a in range(0,5,2):
    if a<1:
        b=a+1;  print('(a,b)=(',a,',',b,')')
    elif a<3:
        c=a+2;  print('(a,c)=(',a,',',c,')')
    else:
        d=a+3;  print('(a,d)=(',a,',',d,')')

#while
a=2023
while a>2020:
    a=a-1; print('a=',a)

#lambda, def
fun = lambda x: 2*x**10-2023
print('fun(2)=',fun(2))

def fun2(x):
    return 2*x**10-2023
print('fun2(2)=',fun2(2))

#abs, len
x=-3; print(abs(x))
y=[2023,'올해',2024,'내년']; print(len(y))
```

Python Code 1.1의 # print 부분을 실행한 결과는 다음과 같다.

```
In [1]: print('파이썬으로 하는 수치해석')
   ...: print('x=',10)
   ...: y=20; print('y=',y)
   ...: print('y=%d'%y) #%d 정수
   ...: z=12.123456; print('z= %.4f'%z)
   ...: print('z= %10.4f'%z)
파이썬으로 하는 수치해석
x= 10
y= 20
y=20
z= 12.1235
z=    12.1235

In [2]:
```

print 명령어는 '파이썬으로 하는 수치해석'과 같은 문자열(string)을 출력할 뿐만 아니라, '10', 'y'(=20) 과 같은 숫자를 포함한 여러 가지 자료형을 출력한다. 출력 형식으로 '%d', '%f', '%s'등과 같은 문자열을 사용하는 데, 각각의 의미는 정수형, 실수형, 문자형을 의미한다. 특히 실수형 '%f'의 경우 '%a.bf'(a,b는 0 또는 자연수)와 같이 사용될 때, 'b'는 소숫점 이하의 자릿수, 'a'는 총 숫자의 자리수를 의미하는데, a는 b보다 클 때에만 의미가 있다. 위 결과의 마지막 출력에서 z의 값이 빈칸을 합하여 자릿수가 10자리인 것을 확인할 수 있다.

사칙연산 부분을 실행한 결과는 다음과 같다.

```
z=    12.1235

In [2]:
   ...: print('2023+2024=',2023+2024)
   ...: print('2023-2024=',2023-2024)
   ...: print('2023*2024=',2023*2024)
   ...: print('2023/2024=',2023/2024)
   ...: print('2023/2024= %.5f'%(2023/2024))
2023+2024= 4047
2023-2024= -1
2023*2024= 4094552
2023/2024= 0.9995059288537549
2023/2024= 0.99951

In [3]:
```

+, -, *, / 사칙연산은 덧셈, 뺄셈, 곱셈, 나눗셈 그 의미 그대로 사용할 수 있다. 다만, 나눗셈의 경우 마지막 줄과 같은 출력형식 '%.5f'를 사용하면 반올림하여 소수점 아래 다섯 자리까지 표현할 수 있다.

Python Code 1.1의 # 관계연산자 부분을 실행한 결과는 다음과 같다.

```
In [3]:
   ...: print('0<1',0<1)
   ...: print('0<=1',0<=1)
   ...: print('0==1',0==1)
   ...: print('0>1',0>1)
   ...: print('0>=1',0>=1)
0<1 True
0<=1 True
0==1 False
0>1 False
0>=1 False
```

관계 연산자 <, <=, ==, >, >= 는 연산자의 오른쪽과 왼쪽에 있는 숫자들이 주어진 관계를 만족하면 참('True'), 그렇지 않으면 거짓('False')을 돌려준다. 이 결과값들은 'True'와 'False'로만 이루어진 불(bool)자료형 이라고 할 수 있다. 주로, if, while 구문과 쓰여서 참인 경우 실행하고 그렇지 않은 경우 빠져나가는 역할을 수행한다.

논리연산자 부분을 실행한 결과는 다음과 같다.

```
In [4]:
   ...: print('0 and 0 = ',0 and 0)
   ...: print('10 and 0 = ',10 and 0)
   ...: print('0 and 11 = ',0 and 11)
   ...: print('10 and 11 = ',10 and 11)
   ...: print('[0,0,0] and {hello}',[0,0,0] and 'hello')
   ...: print('[] and {hi}', [] and 'hi')
   ...:
   ...: print('0 or 0 = ',0 or 0)
   ...: print('10 or 0 = ',10 or 0)
   ...: print('0 or 11 = ',0 or 11)
   ...: print('10 or 11 = ',10 or 11)
   ...: print('[0,0,0] or {hello}',[0,0,0] or 'hello')
   ...: print('[] or {hi}', [] or 'hi')
```

```
0 and 0 =  0
10 and 0 =  0
0 and 11 =  0
10 and 11 =  11
[0,0,0] and {hello} hello
[] and {hi} []
0 or 0 =  0
10 or 0 =  10
0 or 11 =  11
10 or 11 =  10
[0,0,0] or {hello} [0, 0, 0]
[] or {hi} hi
```

여기서, 논리 연산자 'and'와 'or' 명령어는 논리식에 쓰이는 것과는 조금 다르게 사용된다. 우선, 각 자료형의 참, 거짓을 알아보면 숫자형인 경우는 '0'만 거짓이고 나머지는 참이다. list 자료형인 경우 '[]'만 거짓이고, 나머지는 참이다. 문자열의 경우에도 ' '만 거짓이고 나머지는 참이다. 이런 점을 참고하면 논리 연산자들을 다음과 같이 해석할 수 있다.

A and B : A 가 참이면 결과는 B, A가 거짓이면 결과는 A

A or B : A 가 참이면 결과는 A, A가 거짓이면 결과는 B

이런 해석으로 위의 결과들을 하나씩 점검해 보도록 하자.

Python Code 1.1의 # for, range 부분을 실행한 결과는 다음과 같다.

```
In [5]: x = range(0,9,2) # 0: 시작, 9:끝, 2: 간격
   ...: print(x) # [0,2,4,6,8]
   ...:
   ...: for x in range(0,9,2): # 첫 줄은 colon : 로 끝나야 함
   ...:     a = 10**x    # indentation
   ...:     print('(x,10**x)=(',x,',',a,')')
range(0, 9, 2)
(x,10**x)=( 0 , 1 )
(x,10**x)=( 2 , 100 )
(x,10**x)=( 4 , 10000 )
(x,10**x)=( 6 , 1000000 )
(x,10**x)=( 8 , 100000000 )
```

range 명령어는 그냥 출력하면 'range(0,9,2)' 입력한 그대로 나온다. 하지만, 그 의미는 0부터 시작해서 9를 넘지 않게 2간격으로 수를 나열하라는 뜻이다. 즉, 순서대로의 0,2,4,6,8 다섯 숫자를 의미한다. 주로 for 명령어와 함께 위와 같이 쓰인다. for, if, elif, else, while, def 등의 주로 두 줄 이상의 명령어들을 내부에 포함하는 명령어들을 쓸 때는 첫 줄에 콜론(:)을 쓰는 것과 두 번째 줄부터 들여 쓰는 (indent) 것을 항상 유념하도록 하자.

Python Code 1.1의 # if, elif, else 부분을 실행한 결과는 다음과 같다.

```
In [6]:
   ...: for a in range(0,5,2):
   ...:     if a<1:
   ...:         b=a+1;  print('(a,b)=(',a,',',b,')')
   ...:     elif a<3:
   ...:         c=a+2;  print('(a,c)=(',a,',',c,')')
   ...:     else:
   ...:         d=a+3;  print('(a,d)=(',a,',',d,')')
(a,b)=( 0 , 1 )
(a,c)=( 2 , 4 )
(a,d)=( 4 , 7 )
```

range(0,5,2)에 대한 숫자열은 0,2,4이고, for 명령문안에 if, elif, else 명령어 들을 수행하였다. a에 숫자가 할당되면 if 문을 만나고 조건을 나타내는 논리식 a<1을 마주하게 된다. 이 논리식이 참이면 그 다음 줄에 있는 같은 들여쓰기가 되어있는 명령어들을 수행한다. 이 코드에서는 같은 들여쓰기 명령어가 한 줄 밖에 없다. 거짓이면 if 문과 같은 들여쓰기를 하는 elif 문으로 가고 a<3인 조건문을 만나 참 거짓을 따지게 된다. 참이면 마찬가지로 한 번 더 들여쓰기가 되어있는 명령어들을 수행하고 아니면 else 문으로 넘어간다. 그러니까, else 문 다음의 조건은 if문의 조건과 elif 문의 조건을 제외한 모든 조건을 의미하므로 a>=3을 의미하고 앞의 if 문과 elif 문을 지나쳐 왔다면 이 조건을 만족할 것이다. 그러면, 마찬가지로 그 다음 줄과 같은 들여쓰기가 되어있는 명령어들을 수행한다. 결과는 위에 나와 있는 것과 같이 a=0,2,4일 때, 각각 if, elif, else 문을 통과하여, b,c,d 변수에 할당된 숫자는 a에 할당된 숫자와의 차이가 각각 1,2,3이 된다.

while 부분을 실행한 결과는 다음과 같다.

```
In [8]:
   ...: a=2023
   ...: while a>2020:
   ...:     a=a-1; print('a=',a)
a= 2022
a= 2021
a= 2020
```

while 명령어는 while 명령어 다음에 나오는 조건 a>2020을 만족할 때만 수행하는 명령어이다.

Python Code 1.1의 # lambda, def 부분을 실행한 결과는 다음과 같다.

```
In [9]:
   ...: fun = lambda x: 2*x**10-2023
   ...: print('fun(2)=',fun(2))
   ...:
   ...: def fun2(x):
   ...:     return 2*x**10-2023
   ...: print('fun2(2)=',fun2(2))
fun(2)= 25
fun2(2)= 25
```

함수를 선언하는 방법은 위와 같이 lambda와 def 두 가지가 있는데, lambda는 입력 변수가 간단할 때 가볍게 정의해서 쓰고, 입력 변수가 많거나 복잡한 명령을 수행할 때는 일반적으로 def 명령어를 사용한다.

abs, len 부분을 실행한 결과는 다음과 같다.

```
In [10]:
   ...: x=-3; print(abs(x))
   ...: y=[2023,'올해',2024,'내년']; print(len(y))
3
4
```

abs 명령어는 숫자형 변수의 절대값을 의미하고, len 명령어는 위의 list형 변수를 포함한 여러 자료형 변수의 길이를 의미한다.

이 이외에 파이썬에 내재되어 모듈을 부르지 않고 사용할 수 있는 명령어들은

다음과 같다.[2]

all, any, chr, dir, divmod, enumerate, eval, filter, hex, id, input, int, isintance, list, map, max, min, oct, open, ord, pow, round, sorted, str, sum, tuple, type, zip

1.3 모듈(Module)과 함께 파이썬 둘러보기

모듈은 파이썬에 내장된 함수보다 많은 다양한 분야에서 파이썬을 적용하기 위해 분야별 전문가에 의해 만들어진 파이썬 외부함수들의 모음이다. 대표적으로 쓰이는 모듈로는 sklearn, os, sys, pickle, webbrowser, scipy, cv2, pygame, skimage, PIL 등과 이 책에서 소개할 모듈 numpy, copy, matplotlib, copy가 있다. 먼저 **numpy 모듈**에 대해 Python Code 1.2을 통해 알아보자.

Python Code 1.2

```
# Python Code 1.2 written by Kiwoon Kwon
# Module 불러오기
import numpy
print(numpy.array((1,2,3)))

from numpy import array
print(array((1,2,3)))

from numpy import *
print(array((1,2,3)))
import numpy as np
print(np.array((1,2,3)))

#np.array
x=[1,2,3]
y=(1,2,3)
z=np.array((1,2,3))
```

```
print([1,2,3]+[4,5,6])
print((1,2,3)+(4,5,6))
print(np.array((1,2,3))+np.array([4,5,6]))
print([1,2,3]+(4,5,6))

#np.linspace
x = np.linspace(0,5,5); print('x=',x)
y = np.linspace(0,5,6); print('y=',y)
z = np.arange(0,5,1); print('z=',z)
#np.dot
a=np.ones([3,3])
print('a='); print(a)
print('a*a='); print(a*a)          # 원소별 곱
print('np.dot(a,a)='); print(np.dot(a,a)) # 행렬곱

#np.sum
A= np.array([[1,2],[3,4],[5,6]]); print('A='); print(A)
Scol = np.sum(A,0); print('Sum Col =',Scol)
Srow = np.sum(A,1); print('Sum Row =',Srow)
Sall = np.sum(A); print('Sum =',Sall)
```

모듈을 불러오는 방법은 import, from, as 명령어와 모든 것을 뜻하는 *를 사용하여

import numpy

from numpy import array

from numpy import *

import numpy as np

와 같이 네 가지 방법이 있다[3]. 만약 numpy 모듈의 array라는 명령어를 사용하고자 한다면 각각 위에 나온 바와 같이 numpy.array, array, array, np.array 와 같이 사용하여야 하며 다른 방법으로 사용하면 에러가 나는 것을 확인해 볼 수 있다. 아래 그림에서는 네 가지 방법 모두 배열 [1,2,3]을 출력하는 것을 확인할 수 있다. 이 중에 가장 많이 쓰이는 방법은 네 번째 import numpy as np 와 같이 numpy 모듈의 이름의 길이를 줄여서 np로 지정하고 사용하는 방법이다.

```
Console 1/A ×
Python 3.9.7 (default, Sep 16 2021, 16:59:28) [MSC v.1916
64 bit (AMD64)]
Type "copyright", "credits" or "license" for more
information.

IPython 8.12.0 -- An enhanced Interactive Python.

In [1]: import numpy
   ...: print(numpy.array((1,2,3)))
   ...:
   ...: from numpy import array
   ...: print(array((1,2,3)))
   ...:
   ...: from numpy import * #array
   ...: print(array((1,2,3)))
   ...:
   ...: import numpy as np
   ...: print(np.array((1,2,3)))
[1 2 3]
[1 2 3]
[1 2 3]
[1 2 3]

In [2]:
```

IPython console History

이 같은 사항을 점검하다가 현재 어디까지 불러와 있는 지가 헛갈리거나 프로그램이 너무 느리게 실행되다가 거의 멈춰있는 상황이 오면 console1/A의 x 표시를 눌러서 새로운 세팅으로 해서 실행해 보길 바란다. 그러면 아래 그림과 같이 console 2/A가 되고 새롭게 시작한다. 물론 다른 프로그램 사용 중에 사용하는 것은 권하지 않는다.

```
Console 2/A ×
Python 3.9.7 (default, Sep 16 2021, 16:59:28) [MSC v.1916 64 bit
(AMD64)]
Type "copyright", "credits" or "license" for more information.

IPython 8.12.0 -- An enhanced Interactive Python.

In [1]:
```

Python Code 1.2의 # np.array 부분을 실행한 결과는 아래와 같다.

```
In [2]:
   ...: x=[1,2,3]
   ...: y=(1,2,3)
   ...: z=np.array((1,2,3))
   ...:
   ...: print([1,2,3]+[4,5,6])
   ...: print((1,2,3)+(4,5,6))
   ...: print(np.array((1,2,3))+np.array([4,5,6]))
   ...: print([1,2,3]+(4,5,6))
[1, 2, 3, 4, 5, 6]
(1, 2, 3, 4, 5, 6)
[5 7 9]
Traceback (most recent call last):

  Cell In[2], line 8
    print([1,2,3]+(4,5,6))

TypeError: can only concatenate list (not "tuple") to list
```

x와 같이 대괄호 [ ]로 표현된 자료형은 list, y와 같이 소괄호 ( )로 표현된 자료형은 tuple이라고 한다. 이 자료형들은 같은 자료형끼리 덧셈으로 연결되면 연결되는 앞의 자료형에 뒤의 자료형이 붙은 형태로 나타난다. 즉

$$[1,2,3] + [4,5,6] = [1,2,3,4,5,6]$$
$$(1,2,3) + (4,5,6) = (1,2,3,4,5,6)$$

하지만 다른 자료형을 덧셈으로 연결하려고 하면 list 자료형과 tuple 자료형을 연결할 수 없다고 ‘Type Error’ 메시지를 출력한다. 이런 형태의 덧셈도 문자열 등에서 유용하게 쓰일 수 있지만, 수치해석을 수행하려고 한다면 수학적 의미에서의 덧셈을 할 수 있어야 한다. 그렇게 하기 위해 필요한 것이 numpy 모듈의 array 자료형이다. 즉, 우리는 array 자료형을 이용하여

$$\text{np.array}((1,2,3)) + \text{np.array}((4,5,6)) = [5,7,9]$$

의 출력을 얻을 수 있고, 여기서 출력 [5,7,9]는 np.array 자료형인 것이다.

Python Code 1.2의 # np.linspace 부분을 실행한 결과는 아래와 같다.

```
In [2]: x = np.linspace(0,5,5); print('x=',x)
   ...: y = np.linspace(0,5,6); print('y=',y)
   ...: z = np.arange(0,5,1); print('z=',z)
x= [0.   1.25 2.5  3.75 5.  ]
y= [0. 1. 2. 3. 4. 5.]
z= [0 1 2 3 4]
```

numpy 모듈의 linspace(a,b,c) (여기서, a,b는 실수, c는 자연수이다.)는 a부터 시작해서 b까지 균등하게 분할해서 c개의 숫자를 만들어낸다. 즉, 분할된 숫자들의 간격은 c가 1보다 큰 자연수일 때 $\frac{b-a}{c-1}$ 이다. 또한, linspace 함수는 arange(a,b,d) (여기서, a,b,d는 모두 실수이다.)로 대체할 수 있는데, a부터 시작해서 b까지 d의 간격으로 분할하여 숫자를 만들어내라는 뜻이다. 즉, $d = \frac{b-a}{c-1}$ 의 식이 성립한다.

np.dot 부분을 실행한 결과는 아래와 같다.

```
In [4]:
   ...: a=np.ones([3,3])
   ...: print('a='); print(a)
   ...: print('a*a='); print(a*a)          # 원소별 곱
   ...: print('np.dot(a,a)='); print(np.dot(a,a)) # 행렬곱
a=
[[1. 1. 1.]
 [1. 1. 1.]
 [1. 1. 1.]]
a*a=
[[1. 1. 1.]
 [1. 1. 1.]
 [1. 1. 1.]]
np.dot(a,a)=
[[3. 3. 3.]
 [3. 3. 3.]
 [3. 3. 3.]]
```

numpy 모듈의 ones(c,d)는 모든 원소가 1인 c행 d열의 행렬을 나타낸다. 마찬가지로 zeros(c,d)는 모든 원소가 0인 c행 d열의 행렬이다. 파이썬에서 같은 크기의 행렬 A와 B를 곱한다는 것은 같은 위치의 원소들의 곱, 즉 원소별 곱을 의미한다. 따라서, 위와 같이 a를 np.ones([3,3])행렬이라고 할 때, a*a는 모든 원소가 1인 행렬이 된다. 반면, 선형대수학에서 사용하는 두 행렬 A와 B의 행렬곱은 A의 열의 수와 B의 행의 수가 같을 때 정의되고, 파이썬에서는 numpy 모듈의 dot 명령어를 통해 수행할 수 있다. 위에서 np.dot(a,a)는 행렬 a 와 행렬 a의 행렬곱인 것을 확인할 수 있다. 이 책에서는 주로 행렬곱 np.dot를 사용할 것이다.

Python Code 1.2의 # np.sum 부분을 실행한 결과는 아래와 같다.

```
In [5]:
   ...: A= np.array([[1,2],[3,4],[5,6]]); print('A='); print(A)
   ...: Scol = np.sum(A,0); print('Sum Col =',Scol)
   ...: Srow = np.sum(A,1); print('Sum Row =',Srow)
   ...: Sall = np.sum(A); print('Sum =',Sall)
A=
[[1 2]
 [3 4]
 [5 6]]
Sum Col = [ 9 12]
Sum Row = [ 3  7 11]
Sum = 21
```

numpy 모듈의 sum명령어는 행렬의 모든 원소들의 합을 계산해 준다. 이 때, 각 행의 합이나 각 열의 합도 구할 수 있는데, sum(A,0)와 sum(A,1)은 각각 행렬 A의 열의 합과 행의 합을 구하는 명령어이다. 계산 결과는 둘 다 행벡터로 나타난다. 그리고, 행렬 표현은 각 행을 벡터로 나타내고, 이 행 벡터를 모아서 표현한다. 매틀랩에서 각 행을 세미콜론 ;으로 구분하는 것과는 다른 파이썬의 행렬 표현이다.

다음으로 copy **모듈**이 왜 필요하고, 어떻게 사용하는 지 Python Code 1.3을 통해서 알아보자.

Python Code 1.3

```
# Python Code 1.3 written by Kiwoon Kwon
# copy 모듈
x = 2020 + np.array([1,2,3,4,5])
y = 2020 + np.array([5,4,3,2,1])
a=np.zeros(np.size(x));

# copy 모듈 사용하지 않고 a를 복사할 때
b=a; c=a; d=a; e=a
for i in range(5):
    a[i]=x[i]<y[i]
    b[i]=x[i]<=y[i]
    c[i]=x[i]==y[i]
    d[i]=x[i]>=y[i]
    e[i]=x[i]>y[i]

print('x=',x)
print('y=',y)
print('x<y=',a)
print('x<=y',b)
print('x==y',c)
print('x>=y',d)
print('x>y=',e)

# copy 모듈 사용해서 a를 복사할 때
from copy import copy
b=copy(a); c=copy(a); d=copy(a); e=copy(a);

for i in range(5):
    a[i]=x[i]<y[i]
    b[i]=x[i]<=y[i]
    c[i]=x[i]==y[i]
    d[i]=x[i]>=y[i]
    e[i]=x[i]>y[i]
print('x=',x)
print('y=',y)
print('x<y=',a)
print('x<=y',b)
print('x==y',c)
print('x>=y',d)
print('x>y=',e)
```

Python code 1.3을 사용한 결과는 아래 표1.1과 같다. copy 모듈을 사용하지 않고 그냥 b=a한 결과는 관계 연산자 <, >, <=, >=, == 에 관계없이 같은 결과를 가지고 왔다. 프로그램에서 = 의 주로 오른쪽 변수를 왼쪽에 대응시키는 것인데, 여기서 두 가지 방식으로 대응시킨다. 하나는 값 전달(call by value)로 변수 값을 옮기는 것이고, 다른 하나는 주소 전달(call by reference)로 변수의 주소를 옮기는 것이다. 파이썬에서 = 의 의미는 주소 전달에 해당한다고 볼 수 있다. 따라서, a의 주소는 b, c, d, e 변수 모두 공유하게 되고, 이 변수 들 중 어느 하나만 변해도 다 같이 값이 변하게 된다. 그러므로, 제일 마지막으로 변수 값이 변한 e의 값을 모두 공유하게 되어 표 1.1의 왼쪽의 결과가 나온다. 반면 copy 모듈의 copy 명령어를 사용하게 되면 초기 a 값이 값 전달이 되어 a, b, c, d, e 변수가 독립적으로 움직이고 표 1.1 오른쪽과 같은 올바른 결과를 얻게 된다. 파이썬 프로그램을 하면서 = 이 주소 전달이라는 것을 명심하여야 원하지 않는 오류를 피할 수 있으므로 이를 명심하자.

copy 모듈을 사용하지 않았을 때	copy 모듈을 사용했을 때
x= [2021 2022 2023 2024 2025] y= [2025 2024 2023 2022 2021] x<y= [0. 0. 0. 1. 1.] x<=y [0. 0. 0. 1. 1.] x==y [0. 0. 0. 1. 1.] x>=y [0. 0. 0. 1. 1.] x>y= [0. 0. 0. 1. 1.]	x= [2021 2022 2023 2024 2025] y= [2025 2024 2023 2022 2021] x<y= [1. 1. 0. 0. 0.] x<=y [1. 1. 1. 0. 0.] x==y [0. 0. 1. 0. 0.] x>=y [0. 0. 1. 1. 1.] x>y= [0. 0. 0. 1. 1.]

표 1.1 copy 모듈을 사용하지 않은 경우와 사용한 경우의 결과 비교

마지막으로 수치해석 이론을 이용하여 계산한 결과를 그림으로 그려주어서 이해하기 쉽게 해주고, 새로이 모델을 수정하고 개선하는 데 도움을 주는 **matplotlib 모듈**에 대해서 알아보자. 이 모듈 중에 가장 많이 쓰이는 것은 서브모듈(submodule) pyplot 이다. 어떻게 사용하는 지 Python code 1.4를 통해 알아보자.

Python Code 1.4

```
# Python code 1.4 written by Kiwoon Kwon
# matplotlib 모듈
import matplotlib.pyplot as plt

x = np.linspace(0,2,20)
y = np.cos(np.pi*x)
z = 2*np.sin(np.pi*x)

plt.plot(y); plt.show() #(a)

plt.plot(x,y); plt.show() #(b)

plt.plot(y); plt.plot(x,y) #(c)

plt.plot(x,y,'b-*'); plt.show() #(d)

plt.plot(x,y,'b--*',x,z,'ro'); plt.show() #(e)

plt.plot(x,y,'b--*',x,z,'ro')
plt.xlabel('x (unit:pi)'); plt.title('Cosine and 2*sine functions')
plt.legend(['cosine','2*sin']); plt.show()  #(f)

plt.plot(y,z); plt.axis('image'); plt.show(); #(g)

plt.plot(y,z); plt.show(); #(h)
```

Python code 1.4를 컴파일 한 결과는 그림 1.7에 나와 있다. 먼저 matplotlib 모듈의 서브모듈 pyplot의 함수중에 plot 함수를 사용하여 y 만을 그린 그림은 (a)와 같다. $\cos(2\pi x)$의 그림이긴 한데, x 축이 x값을 나타낸 것이 아니라 array 변수 y의 몇 번째 원소인가를 나타낸다. 그래서, 0부터 19까지를 나타내고 있다. 따라서, plot(x,y) 명령어를 사용하면 (b)와 같이 x 축은 x 변수, y축은 y 변수를 나타내게 된다. 여기서, plt.show() 명령어의 의미를 살펴보자, 만약 plt.plot(y)와 plt.plot(x,y)사이에 plt.show()라는 명령어가 없다면 두 그림은 하나에 나타나게 되고, plot(y)는 x축이 0에서 19까지이고, plot(x,y)는 x축이 0에서 2사이이므로 큰 쪽을 기준으로 두 그림이 겹쳐지게 된다. (c)에서 보는 바와 같이 plot(y)는 파란색으로 plot(x,y)는 오렌지 색으로 겹쳐지게 된다. 즉, plt.show()는 지금까지의 결과를 하나의 그림에 나타내라는 뜻이다.

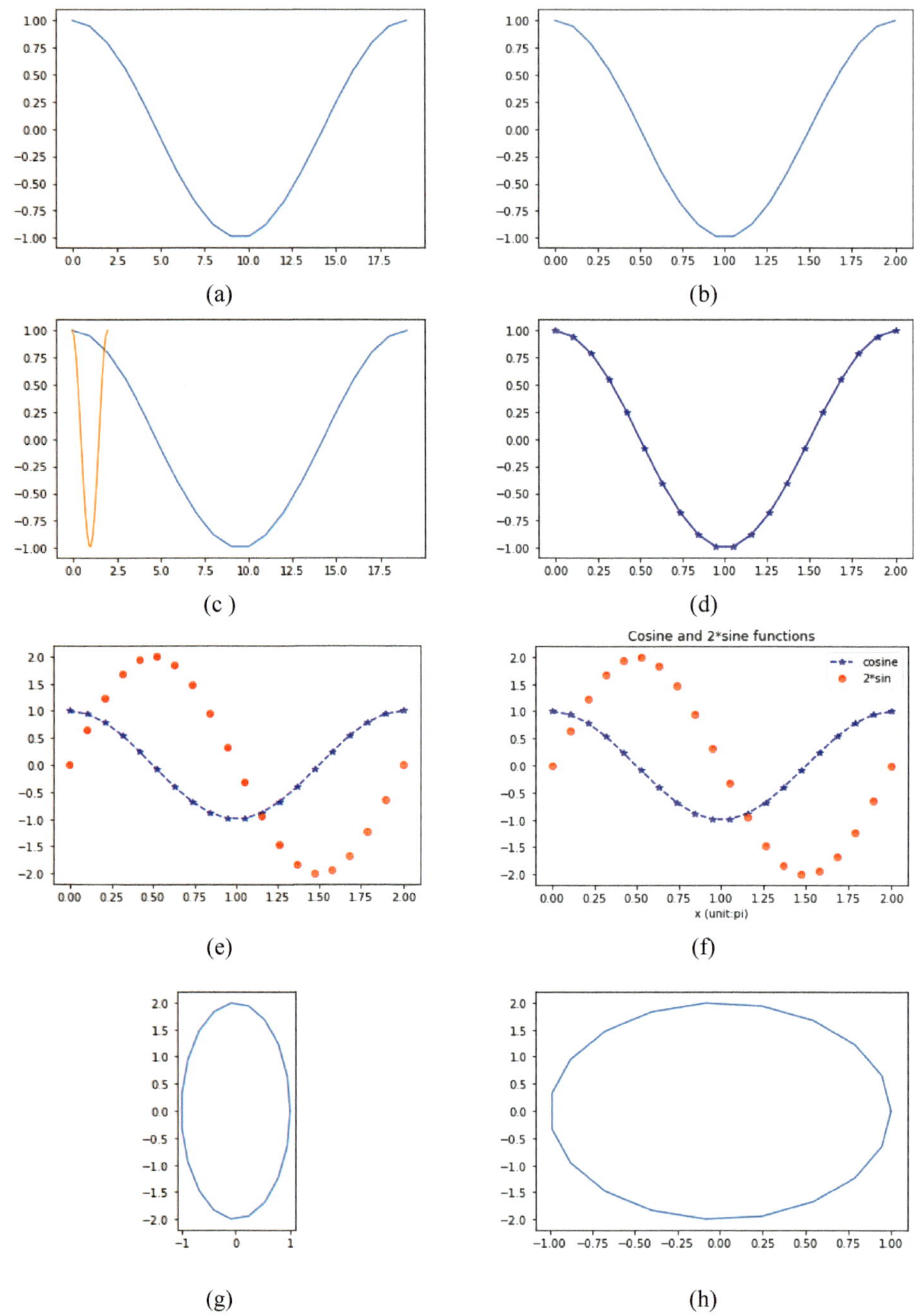

그림 1.7 matplotlib 모듈을 이용한 그림 그리기

다음으로 좀 더 구체적으로 그림을 표현해보자. plot(x,y,'b-*')에서 보는 바와 같이 3가지로 이 그림을 표시할 수 있다. 처음에 오는 'b'는 푸른색(blue)를 나타낸다. 이 이외에도 색깔을 나타내는 선택사항으로는

r	red	붉은색
g	green	연두색
y	yellow	노란색
m	magenta	분홍색
c	cyan	하늘색
k	black	검은색

표 1.2 색을 나타내는 선택사항

두 번째 선택사항은 선의 종류로 - (실선), : (점선), -. (일점쇄선), -- (이점쇄선)이 있고, 아무 선택도 하지 않으면 선이 나타나지 않는다. 세 번째 선택사항은 (x,y) 좌표쌍의 점 모양인데 .(점), o(원), s(사각형), d(다이아몬드), ^(삼각형), v(역삼각형), x, +, * 모양들이 있다. (d)에서는 좌표쌍은 별모양 *이고, 그 사이는 푸른 실선으로 연결된 그래프를 볼 수 있다.

한편, (e)에서 plot(x,y,'b--*')와 plot(x,z,'ro')를 하나의 화면에 plot(x,y,'b--*',x,z,'ro')와 같이 나타낼 수 있다. 즉, $\cos(2\pi x)$를 파란색 이점쇄선으로 표시하면서 좌표쌍은 별 모양으로 표시하고, 같은 화면에 $2\sin(2\pi x)$는 좌표쌍만 붉은색 원으로 표시하라는 뜻이다. (f)에서는 이 그림에 plt.xlabel을 이용하여 x축에 레이블 'x (unit:pi)'를 표시하고, plt.title을 이용하여 제목 'Cosine and 2*sine functions'을 표시하고, 먼저 그려진 그래프 순서대로 이름을 붙이는 plt.legend를 사용하였다. 참고로 현재 파이썬 버전에서 제목, 라벨 등에 한글을 사용할 수는 없다.

마지막으로 (g)에서는 xy 평면에 타원의 자취 $(\cos(2\pi x), 2\sin(2\pi x))$를 표시하였다.

여기서 x를 매개변수 t로 생각하고 $x = \cos(2\pi t), y = 2\sin(2\pi t)$ 이라 하면 $x^2 + \frac{y^2}{4} = 1$이 되어, 단축이 x축 위에 있고 길이는 1이며, 장축은 y축 위에 있고 길이는 2인 타원의 방정식이 된다. plt.axis('image')에서 'image'대신 들어갈 수 있는 선택사항으로는 'square'와 'equal'이 있는 데 둘 다 실제 장축이 y 축인 타원을 잘 표현하지만 x와 y의 범위가 다르게 나타난다. plt.axis 명령에서 아무 선택사항도 표시하지 않으면, (h)와 같이 x축이 오히려 장축 같아 보이는 왜곡된 타원의 모습을 볼 수 있다.

연·습·문·제

[1.1] 1부터 자연수 n까지 합을 구하는 함수 nsum을 파이썬 명령어 def, for 등을 이용하여 구하라. 단, 입력은 정수형 변수 n이고, 출력도 1부터 n까지의 합인 정수형 변수이다.

[1.2] 정수형 변수 양수 m에 대해, n번째 줄(n=1,2,3,...,m)에 자연수 n과 nsum(n)을 함께 출력하는 함수 nsumprint(m)를 파이썬 명령어 def, print 등을 이용하여 구하라.

[1.3] 수학이는 동국은행으로부터 천만 원을 2023년 1월1일 빌렸고 매달 말 십만 원씩 갚으려고 한다. 월 이자율이 0.5%라고 할 때 수학이는 몇 달 만에 빌린 돈을 다 갚을 수 있을까? 계산을 통해서 구한 이 정답을 다음과 같은 파이썬 코드를 통해 구현하려고 한다. (a)-(c)에 알맞은 숫자와 파이썬 명령어들을 넣으시오.

```
import numpy as np
B = np.zeros(100)
i = 0; B[0] = 10000000
while B[i] > 0:
   B[i+1] = (a)*B[i] - (b)
   i = i+1
n = (c)
```

[1.4] 위 문제[1.3]에서 마지막 달에 내야 하는 돈은 십만원 이하일 것이다. 마지막 달에 내야 할 돈을 계산하고, 문제 [1.3]의 파이썬 코드를 변형하여 계산한 값과 비교해 보시오.

제 2 장

Python & Numerical Analysis

Taylor 다항식

함수의 정의역의 차원에 따라, 1변수, 2변수, (3변수 이상의 N변수) Taylor 다항식으로 나누어 살펴보기로 하자.

2.1 1변수 Taylor 다항식

점 a에서의 n차 급수 전개 다항식은 아래와 같다.

$$p_n(x) = b_0 + b_1(x-a) + b_2(x-a)^2 + b_3(x-a)^3 + \cdots + b_n(x-a)^n$$

이 급수 전개 다항식 중에서 n번 미분가능한 함수 f와 n번 미분까지의 점 a에서의 값이 같은, 즉,

$$p_n(a) = f(a), p_n{}'(a) = f'(a), p_n{}''(a) = f''(a), \cdots, p_n^{(n)}(a) = f^{(n)}(a).$$

인 다항식은

$$p_n(x) = f(a) + f'(a)(x-a) + \frac{1}{2}f''(a)(x-a)^2 + \cdots + \frac{1}{n!}f^{(n)}(a)(x-a)^n$$

이 되고 이 다항식을 함수 f의 n-차 '**Taylor 다항식**'이라고 부른다.

일반적으로 이 n-차 Taylor 다항식과 함수 f와의 차이 $R_n(x)$는 a와 x사이에 있는 어떤 실수 ξ에 대해

$$R_n(x) = \frac{f^{(n+1)}(\xi)}{(n+1)!}(x-a)^{n+1}$$

임이 알려져 있고[4], $R_n(x)$의 크기의 상한은

$$|R_n(x)| \le \frac{max_{\ a \le \eta \le x}|f^{(n+1)}(\eta)|}{(n+1)!}|x-a|^{n+1}$$

이다. 따라서, $\frac{\max_{a \le \eta \le x}|f^{(n+1)}(\eta)|}{(n+1)!}$ 이 n에 관계없이 일정한 값으로 유계이면 n차 Taylor 다항식과 함수 f의 차이는 적절한 상수 C에 대해 $C|x-a|^{n+1}$ 보다 작다. 이를 몇 가지 기본적인 함수 e^x, $\cos x$, $\sin x$를 통해서 검증해 보자.

예제 2.1 (Python code 2.1, 그림 2.1)

$f(x) = e^x$라 하면 $f(x)$의 모든 미분은 $f(x)$자신이 되고, 0에서의 값은 모두 1이 된다. 따라서, e^x의 5차 Taylor 다항식 $p_5(x)$는

$$p_5(x) = 1 + x + \frac{x^2}{2} + \frac{x^3}{6} + \frac{x^4}{24} + \frac{x^5}{120}$$

이 된다. 원하는 항만큼 취하면 Taylor 다항식 p_0, p_1, p_2, p_3, p_4 도 구할 수 있다. 파이썬 내재 함수 lambda와 두 모듈 numpy, matplotlib을 이용해서, e^x와 5차까지의 Taylor 다항식을 그려보자.

Python Code 2.1

```
## Python Code 2.1  Written by Jiho Hong, Kiwoon Kwon
p0 = lambda a : 1 + 0*a
p1 = lambda a : 1 + a
p2 = lambda a : 1 + a + a**2/2
p3 = lambda a : 1 + a + a**2/2 + a**3/6
p4 = lambda a : 1 + a + a**2/2 + a**3/6 + a**4/24
```

```
p5 = lambda a : 1 + a + a**2/2 + a**3/6 + a**4/24 + a**5/120
import numpy as np

x = np.arange(-1, 3, 0.01)

import matplotlib.pyplot as plt

fig, ax = plt.subplots()
ax.plot(x, np.exp(x),label='exp(x)')
ax.plot(x, p0(x), 'g', label='p0')
ax.plot(x, p1(x), 'm', label='p1')
ax.plot(x, p2(x), 'k', label='p2')
ax.plot(x, p3(x), 'r', label='p3')
ax.plot(x, p4(x), 'y', label='p4')
ax.plot(x, p5(x), 'c', label='p5')
legend = ax.legend(loc='best')
plt.show()
```

그림 2.1에서 보는 바와 같이 붉은 색의 함수 e^x에 대해 차수가 올라감에 따라 Taylor 다항식이 점점 수렴함을 볼 수 있다.

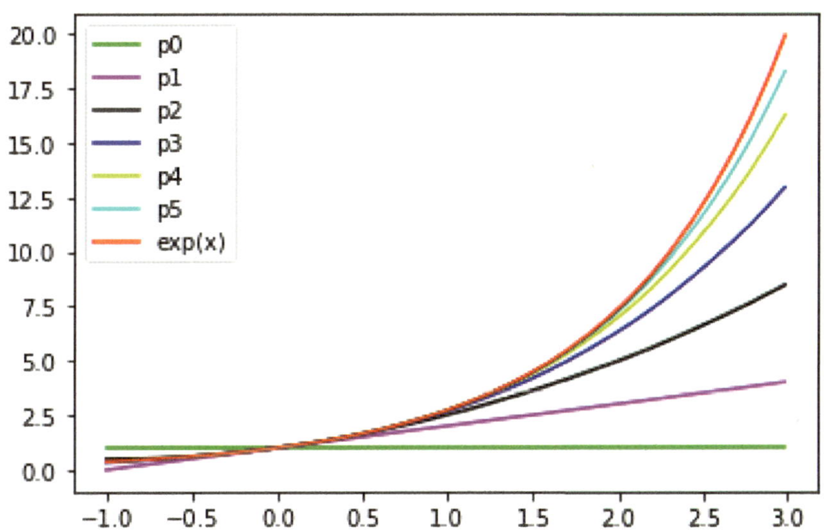

그림 2.1 함수 e^x에 대한 0차, 1차, 2차, 3차, 4차, 5차 Taylor 다항식

예제 2.2 (Python code 2.2, 그림 2.2)

$f(x) = \sin x$ 라 하면 $f(x)$의 미분들은 $\cos x$, $-\sin x$, $-\cos x$, $\sin x$, $\cdots$ 이고, 0에서의 값은 $1,0,-1,0,1,0,-1,\cdots$ 와 같이 네 번 미분마다 같은 값이 나오고, 짝수 번 미분에 대한 값은 0이 된다. 따라서, $\sin x$의 7차 Taylor 다항식 $p_7(x)$는

$$p_7(x) = x - \frac{x^3}{3!} + \frac{x^5}{5!} - \frac{x^7}{7!}$$

이 된다. Taylor 다항식들 p_0, p_1, p_3, p_5, p_7 을 구하고 그려보는 프로그램은 Python code 2.2에 있고, 이를 실행한 결과는 그림 2.2에 있다.

Python Code 2.2

```
##  Python code 2.2 Written by Jiho Hong, Kiwoon Kwon
# sin(x)  : p_7(x)= x-1/6 x^3 + 1/5! x^5 - 1/7! x^7
import numpy as np
import matplotlib.pyplot as plt

p0 = lambda a : 0*a
p1 = lambda a : a
p3 = lambda a : a - a**3/6
p5 = lambda a : a - a**3/6 + a**5/120
p7 = lambda a : a - a**3/6 + a**5/120 - a**7/5040

x = np.arange(-np.pi, np.pi, 0.01)

fig, ax = plt.subplots()
ax.plot(x, np.sin(x),label='sin(x)')
ax.plot(x, p0(x), 'g', label='p0')
ax.plot(x, p1(x), 'm', label='p1')
ax.plot(x, p3(x), 'k', label='p3')
ax.plot(x, p5(x), 'r', label='p5')
ax.plot(x, p7(x), 'c', label='p7')
legend = ax.legend(loc='best')
plt.show()
```

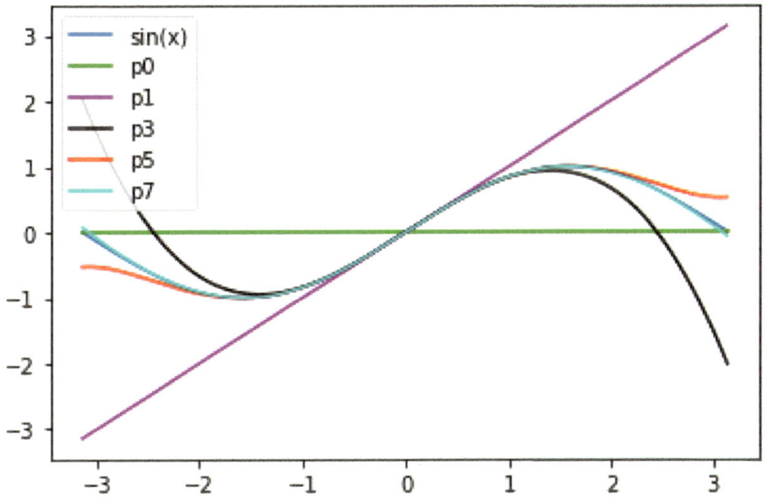

그림 2.2 함수 $\sin(x)$에 대한 0차, 1차, 3차, 3차, 5차, 7차 Taylor 다항식

대략 0과 2사이 구간에서 볼 때, Taylor 다항식 p_0 와 p_3 는 함수 $f(x)=\sin x$ 아랫 부분에 있고, Taylor 다항식 p_1과 p_5는 윗부분에 있는 것을 알 수 있다. 그리고, Taylor 다항식 p_7는 육안으로 구분하기에 $f(x)=\sin x$ 와 거의 일치하는 것을 볼 수 있다.

예제 2.3 (Python code 2.3, 그림 2.3)

$f(x)=\cos x$ 라 하면 $f(x)$의 미분들은 $-\sin x, -\cos x, \sin x, \cos x \cdots$ 이고, 0에서의 값은 $0,-1,0,1,0,-1,\cdots$ 와 같이 네 번 미분마다 같은 값이 나오고, 홀수 번 미분에 대한 값은 0이 된다. 따라서, $\cos x$의 8차 Taylor 다항식 $p_8(x)$는

$$p_8(x)=1-\frac{x^2}{2!}+\frac{x^4}{4!}-\frac{x^6}{6!}+\frac{x^8}{8!}$$

이 된다. Taylor 다항식들 p_0, p_2, p_4, p_6, p_8 을 구하고 그려보는 프로그램은 Python code 2.3에 있고, 이를 실행한 결과는 그림 2.3에 있다.

Python Code 2.3

```
## Python code 2.3 Written by Jiho Hong, Kiwoon Kwon
# cos(x) : p_8(x)= 1-x^2/2 + x^4/24 + x^6/720 - x^8/8!

p0 = lambda a : 1 + 0*a
p2 = lambda a : 1 - a**2/2
p4 = lambda a : 1 - a**2/2 + a**4/24
p6 = lambda a : 1 - a**2/2 + a**4/24 - a**6/720
p8 = lambda a : 1 - a**2/2 + a**4/24 - a**6/720 + a**8/40320

import numpy as np
x = np.arange(-np.pi, np.pi, 0.01)

import matplotlib.pyplot as plt
fig, ax = plt.subplots()
ax.plot(x, np.cos(x), label='cos(x)')
ax.plot(x, p0(x), 'g', label='p0')
ax.plot(x, p2(x), 'm', label='p2')
ax.plot(x, p4(x), 'k', label='p4')
ax.plot(x, p6(x), 'r', label='p6')
ax.plot(x, p8(x), 'c', label='p8')

legend = ax.legend(loc='best')
ax.set(xlim=(-np.pi, np.pi), ylim=(-1.2, 1.1))
plt.show()
```

그림 2.3에서 보는 바와 같이 Taylor 다항식 p_0와 p_4 는 $f(x) = \cos x$ 위에 있고, Taylor 다항식 p_2 와 p_6 는 아래에 있으며, 다항식 p_8는 f와 육안으로는 거의 구분이 되지 않는다.

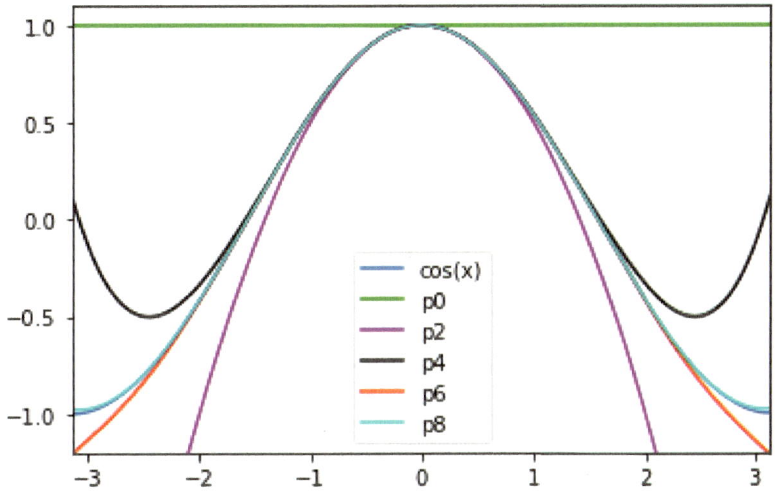

그림 2.3 함수 $\cos(x)$에 대한 0차, 2차, 4차, 6차, 8차 Taylor 다항식

2.2 2변수 Taylor 다항식

2변수 함수 $f(x,y)$에 대한 점 (a,b)에서의 n차 Taylor 다항식은 아래와 같이 구할 수 있다.

$$p_n(x,y) = f(a,b) + \left[\frac{\partial f}{\partial x}(a,b)\,(x-a) + \frac{\partial f}{\partial y}(a,b)(y-b)\right]$$

$$+\frac{1}{2!}\left[\frac{\partial^2 f}{\partial x^2}(a,b)\,(x-a)^2 + 2\frac{\partial^2 f}{\partial x \partial y}(a,b)\,(x-a)(y-b) + \frac{\partial^2 f}{\partial y^2}(a,b)(y-b)^2\right]$$

$$+\cdots+\frac{1}{n!}\left[\frac{\partial^n f}{\partial x^n}(a,b)\,(x-a)^n \cdots + {}_nC_r\frac{\partial^n f}{\partial x^r\,\partial y^{n-r}}(a,b)(x-a)^r(y-b)^{n-r} + \cdots + \frac{\partial^n f}{\partial y^n}(a,b)(y-b)^n\right]$$

여기서, ${}_nC_r$ 은 n 개 중에서 순서와 상관없이 r개를 뽑는 조합의 수를 나타내고, 공식 ${}_nC_r = \dfrac{n!}{r!(n-r)!}$ 을 써서 구할 수 있다.

예제 2.4 (Python code 2.4, 그림 2.4)

함수 $f(x,y)=e^{x+y}$ 의 원점에서의 2차 Taylor 다항식을 구하면

$$p_2(x,y) = 1 + x + y + \frac{1}{2}x^2 + xy + \frac{1}{2}y^2$$

이다. 이를 구현한 것이 Python code 2.4이고, 결과 그림은 그림 2.4에 나와 있다. 2차원 함수를 그리기 위해 numpy.meshgrid와 plot_surface 함수를 사용하였다. 그림 2.4에서 보는 바와 같이 3차원 공간에서 Taylor 0차, 1차, 2차 다항식을 그려 보았다.

Python Code 2.4

```
## Python code 2.4, written by Kiwoon Kwon
## 2-D
fig2D = plt.figure(1); ax = fig2D.add_subplot(111,projection='3d')
X = np.arange(0, 10, 0.25); Y = np.arange(0, 10, 0.25)
X, Y = np.meshgrid(X, Y); lX = len(X);
P0 = np.zeros((lX,lX)); P1 = np.zeros((lX,lX)); P2 = np.zeros((lX,lX));
p0 = lambda h,k: 1
p1 = lambda h,k: h+k
p2 = lambda h,k: h*h + 2*h*k + k*k
for i in range(0,lX):
    for j in range(0,lX):
        P0[i,j]=p0(X[i,j],Y[i,j])
        P1[i,j]=p1(X[i,j],Y[i,j]) + P0[i,j]
        P2[i,j]=p2(X[i,j],Y[i,j]) + P1[i,j]

# 그림 2.4(a)
surf = ax.plot_surface(X, Y, P0)
surf = ax.plot_surface(X, Y, P1)
plt.show()

# 그림 2.4(b)
fig2D = plt.figure()
ax = fig2D.add_subplot(111,projection='3d')
surf = ax.plot_surface(X, Y, P0)
surf = ax.plot_surface(X, Y, P1)
surf = ax.plot_surface(X, Y, P2)
plt.show()
```

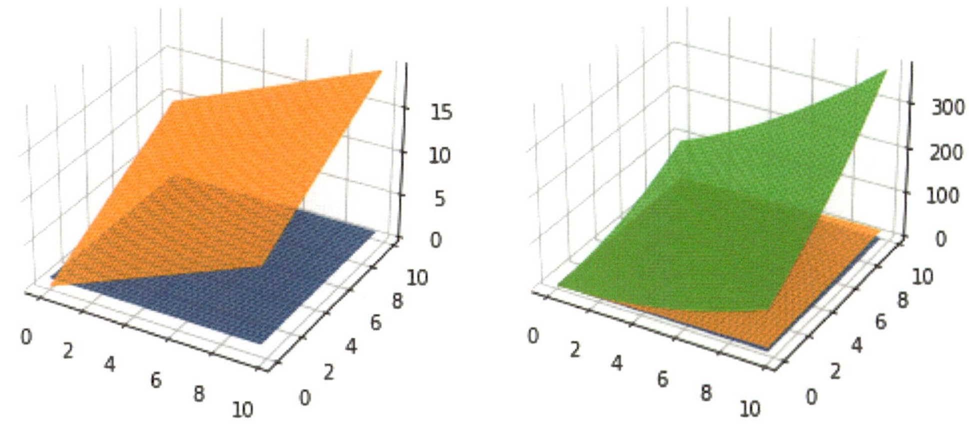

(a) (b)

그림 2.4 함수 $\exp(x+y)$에 대한 0차(파란색 평면), 1차(주황색 평면), 2차(녹색 곡면) Taylor 다항식: (a) 0차,1차 Taylor 다항식 (b) 0차, 1차, 2차 Taylor 다항식

2.3 N변수 Taylor 다항식

유클리드 공간 R^N의 점 $x=(x_1, x_2, \cdots, x_N)$ 에서의 N변수 함수 $f(x)=f(x_1,\cdots,x_N)$ 에 대해 주어진 점 $a=(a_1,\cdots,a_N)\in R^N$ 에서의 m차 Taylor 다항식을 구해 보자.

$\alpha \in R^N$일 때, $|\alpha|_1 = |\alpha_1|+|\alpha_2|+\cdots+|\alpha_N|$, $|\alpha|_\infty = \max_j |\alpha_j|$ 이라고 하자. $\alpha_1,\alpha_2,\cdots,\alpha_N$이 모두 음아닌 정수일 때, $\binom{|\alpha|_1}{\alpha} = \dfrac{|\alpha|_1!}{\alpha_1!\alpha_2!\cdots\alpha_N!}$ $h^\alpha = h_1^{\alpha_1}h_2^{\alpha_2}\cdots h_N^{\alpha_N}$, $f^{(\alpha)}(a) = \dfrac{\partial^{|\alpha|_1}f}{\partial^\alpha x}(a) = \dfrac{\partial^{|\alpha|_1}f}{\partial^{\alpha_1}x_1\partial^{\alpha_2}x_2\cdots\partial^{\alpha_N}x_N}(a)$ 라고 할 때,

m차 Taylor 다항식 p_m은

$$p_m(h) = \sum_{j=0}^{m} \frac{1}{j!} \sum_{\alpha}^{|\alpha|_1 = j} \binom{j}{\alpha} f^{(\alpha)}(a)\, h^{\alpha} \quad \cdots\cdots (2.1)$$

이 되고, 이 때 함수 f 와의 오차는 $O(|h|_{\infty}^{m+1})$이 된다.

3변수 함수 $f(x,y,z) = e^{x+2y+3z}$의 원점 O 에서의 2차 Taylor 다항식을 구해보자. 식 (2.1)에 의하면

$$\begin{aligned} p_2(h_1, h_2, h_3) &= f(O) + f^{(1,0,0)}(O)h_1 + f^{(0,1,0)}(O)h_2 + f^{(0,0,1)}(O)h_3 \\ &\quad + \frac{1}{2}\begin{bmatrix} f^{(2,0,0)}(O)h_1^2 + f^{(0,2,0)}(O)h_2^2 + f^{(0,0,2)}h_3^2 \\ + 2f^{(1,1,0)}(O)h_1h_2 + 2f^{(0,1,1)}(O)h_2h_3 + 2f^{(1,0,1)}(O)h_1h_3 \end{bmatrix} \\ &= 1 + h_1 + 2h_2 + 3h_3 + \frac{1}{2}h_1^2 + 2h_2^2 + \frac{9}{2}h_3^2 + h_1h_2 + 6h_2h_3 + 3h_1h_3 \end{aligned}$$

이 된다.

연·습·문·제

[2.1] 함수 $f(x) = \exp(x^2)$에 대한 0차,2차,4차,6차,8차,10차 테일러 다항식을 구하고, 각 다항식과 함수 $f(x)$를 그리는 파이썬 코드를 아래의 포맷에 (a)-(f)를 적절히 채워서 작성하시오.

```
import numpy as np
import matplotlib.pyplot as plt

p0 = lambda a : (a)
p2 = lambda a : (b)
p4 = lambda a : (c)
p6 = lambda a : (d)
p8 = lambda a : (e)
p10 = lambda a : (f)

x = np.arange(0, 2, 0.01)

fig, ax = plt.subplots()
ax.plot(x, p0(x), 'g', label='p0')
ax.plot(x, p2(x), 'm', label='p2')
ax.plot(x, p4(x), 'k', label='p4')
ax.plot(x, p6(x), 'b', label='p6')
ax.plot(x, p8(x), 'y', label='p8')
ax.plot(x, p10(x), 'c', label='p10')
ax.plot(x, np.exp(x**2),'r', label='exp(x**2)')
legend = ax.legend(loc='best')
plt.show()
```

[2.2] $f(x) = \cos x$ 에 대해 $a = \frac{\pi}{2}$ 에서의 5차 Taylor 다항식을 구하시오.

[2.3] $f(x) = \arctan x$ 에 대해 $a = 0$ 에서의 2차 Taylor 다항식을 구하시오.

[2.4] $\int_0^1 e^{-t^3} dt$ 의 값을 오차 $\frac{1}{12}$보다 적은 범위에서 구하시오.

[2.5] 3변수 함수 $f(x,y,z) = \sin(x + 2y + 3z)$의 원점에서의 3차 Taylor 다항식을 구하시오.

제3장

Python & Numerical Analysis

근 찾기

3차 다항식 $ax^3+bx^2+cx+d=0, a\neq 0$의 세 근에 대한 복잡한 근의 공식은 16세기 Cardano, Tartar 등에 의해 발견되었다[4].

$$
\begin{aligned}
&A = 2b^3 - 9abc + 27a^2d,\ \ B = \sqrt{(2b^3 - 9abc + 27a^2d)^2 - 4(b^2 - 3ac)^3} \\
&x_1 = -\frac{b}{3a} - \frac{\sqrt[3]{A+B}}{3\sqrt[3]{2}\,a} - \frac{\sqrt[3]{A-B}}{3\sqrt[3]{2}\,a} \\
&x_2 = -\frac{b}{3a} + (1 + i\sqrt{3})\frac{\sqrt[3]{A+B}}{6\sqrt[3]{2}\,a} + (1 - i\sqrt{3})\frac{\sqrt[3]{A-B}}{6\sqrt[3]{2}\,a} \\
&x_3 = -\frac{b}{3a} + (1 - i\sqrt{3})\frac{\sqrt[3]{A+B}}{6\sqrt[3]{2}\,a} + (1 + i\sqrt{3})\frac{\sqrt[3]{A-B}}{6\sqrt[3]{2}\,a}
\end{aligned}
$$

마찬가지로 4차 다항식 $ax^4+bx^3+cx^2+dx+e=0, a\neq 0$ 의 네 근에 대한 복잡한 근의 공식도 비슷한 시기에 발견되었다.

이렇게 3,4차 방정식의 근을 구한 후, 여러 수학자들은 5차 다항식의 근을 찾기 위해 노력하였고, 아벨은 5차 방정식의 근의 공식을 풀었다고 생각했다. 그가 연구 자료를 Royal Society of Copenhagen에 제출한 뒤, 편집자에게 예시를 들어주던 중 문제점을 발견하였다. 그 문제점을 살펴보던 아벨은 5차 방정식의 근의 공식이 존재할 수 없음을 증명하였다. 갈로와는 아벨과 마찬가지로 5차 방정식의 해가 존재하지 않음을 증명하고, 특수한 조건이 주어진 경우 근의 공식을 쓸 수 있는 방법을 발견하였다.

5차 이상의 방정식의 근의 공식이 없음이 증명되자, 수학자들은 더 이상의 이론적 근찾기는 포기하였다. 정확하게 근을 찾는 방법보다 근사적으로 해를 추정하고 이를 개선해나감으로써 해에 수렴하는 수열을 찾는 수치해법을 추구하게 되었다. 이런 방법들이 근 찾기 수치해법이다.

3.1 세 가지 수치해법 (이분법, Newton 해법, 할선법)

근찾기 수치해법에는 여러 가지 방법이 있지만, 여기서는 이분법, Newton 해법, 할선법에 대해 소개하고 그 장단점을 비교해보도록 하겠다. **이분법(Bisection Method)**는 연결된 폐구간 $[a,b]$에서 연속인 실 함수 f가 양 끝점에서의 부호가 다르면 중간값 정리에 의해 이 구간 안에 근이 있다는 사실에 입각하여 만든 근 찾기 해법으로 할선법, Newton 해법에 비해 근의 존재성 정리가 있다는 장점이 있다. 이분법에서는 이 전 두 근사값을 이용하여 이 점들에서의 함수의 부호가 다르다면 중간값을 새로운 근사값으로 정한다. n 번째 근삿값을 x_n^B 라고 한다면, 알고리즘은 아래와 같다.

$$
\begin{array}{l}
Low = a; High = b; \\
\text{for } i = 1 : Nmax \\
\quad x_i^B = \dfrac{Low + High}{2} \\
\quad \text{if } |f(x_i^B)| < \epsilon \\
\qquad return \\
\quad \text{else if } \ f(Low)f(x_i^B) < 0 \\
\qquad High = x_i^B \\
\quad \text{else} \\
\qquad Low = x_i^B \\
\quad \text{end} \\
\text{end}
\end{array}
$$

한편, **Newton 해법**은 전 근사값에서 주어진 함수의 접선이 x 축과 만나는 점을 새로운 근삿값으로 한다. 즉, x_n^N 을 n 번째 반복에서 Newton 해법에 대한 근사값이라 하면

$$x_{n+1}^{N} = x_n^N - \frac{f(x_n)}{f'(x_n)}$$

이다.

반면, **할선법(Secant Method)**은 이 전 두 근사값에 대한 함수값을 잇는 선분 즉 할선의 연장선이 x축과 만나는 점을 새로운 근사값으로 정하는 방법으로 Newton 법에 비해 주어진 함수의 미분 f' 를 몰라도 되지만, 근 근처에서는 이분법보다 빠르다는 것이 장점이다. 할선법에 의한 n 번째 근사값을 x_n^S 라고 하면 다음 식이 성립한다.

$$x_{n+1}^{B} = x_n^B - \frac{f(x_n)(x_n - x_{n-1})}{f(x_n) - f(x_{n-1})}.$$

즉, 할선법에서는 Newton 해법에서의 $f'(x_n)$ 을 Newton 몫 $\dfrac{f(x_n)-f(x_{n-1})}{x_n - x_{n-1}}$ 으로 대체한 것으로 해석할 수 있다.

이 세 가지 근 찾기 해법의 장단점에 대해서는 표 3.1에 정리하였고, 파이썬 코드는 Python code 3.1에서 세 가지 해법을 구현하였다.

	이분법	할선법	Newton 해법
수렴속도	느림	중간	빠름
수렴차수	1	1.62	2
수열개선에 필요한 점의 수	2점	2점	1점
수렴조건	양 끝점 함숫값의 부호가 다름	실제 해에 충분히 가까이 있어야 함	실제 해에 충분히 가까이 있어야 함

함수의 미분값	필요 없음	필요 없음	필요함
해가 M-중근 (M>=2)인 경우	수렴 속도 같음, 수렴차수 1	M이 커짐에 따라 수렴속도가 이분법보다 더 느려짐	M이 커짐에 따라 수렴속도가 이분법보다 더 느려짐
2차원 이상으로의 확대	불가능	불가능	가능

표 3.2 세 가지 근 찾기 해법의 장단점 비교

Python Code 3.1

```
## Python code 3.1 written by Kiwoon Kwon
import numpy as np
import matplotlib.pyplot as plt

def bisection(f,a,b,nmax):
    x = np.zeros(nmax)
    x[0]=a; x[1]=b;
    for n in range(nmax-2):
        x[n+2] = (a+b)/2
        if f(x[n+2])*f(a)<0:
            b = x[n+2]
        else:
            a = x[n+2]
    return x

def newton(f,fp,x0,nmax):
    x = np.zeros(nmax)
    x[0] = x0; x[1] = x0
    for n in range(nmax-2):
        xold = x[n+1]
        x[n+2] = xold -f(xold)/fp(xold)
    return x

def secant(f,a,b,nmax):
    x = np.zeros(nmax)
```

```
    x[0] = a; x[1] = b
    for n in range(nmax-2):
        xold = x[n]; xnew = x[n+1]
        x[n+2] = xnew - f(xnew)*(xnew-xold)/(f(xnew)-f(xold))
    return x
```

Python code 3.1을 이용하여 몇 가지 함수에 대해서 세 수치해법의 결과를 테스트해 보자.

$$
\begin{aligned}
f_1(x) &= \log(x) - 1, & x_{-1} &= 1, x_0 = 3 \\
f_2(x) &= \sin(x), & x_{-1} &= 5, x_0 = 3 \\
f_3(x) &= (x-1)^{19}, & x_{-1} &= 2, x_0 = -1
\end{aligned}
$$

예제 3.1 (Python code 3.2, 그림 3.2, 그림 3.3)

$f_1(x) = \log(x) - 1$ 의 근 e를 세 가지 근 찾기 해법으로 구하는 파이썬 코드는 Python code 3.2에 있으며 그 결과는 그림 3.2 와 그림 3.3에 있다.

Python Code 3.2

```
## Python code 3.2 written by Kiwoon Kwon
### log(x)-1
f1 = lambda x: np.log(x)-1
f1p = lambda x: 1/x

xb = bisection(f1,1,3,nmax=10)
xs = secant(f1,1,3,nmax=5)
xn = newton(f1,f1p,3,nmax=5)
y = np.linspace(0,12,Mmax=300000)

plt.plot(y,f1(y),'b-',xb,f1(xb),'r-*',xs,f1(xs),'g-v',xn,f1(xn),'c-o')
plt.grid(); plt.show()

plt.semilogy(y,abs(f1(y)),'b-')
plt.show()

plt.semilogy(y,abs(f1(y)),'b-',xb,abs(f1(xb)),'r-*',xs,abs(f1(xs)),
      'g-v',xn,abs(f1(xn)),'c-o');
plt.show()
```

그림 3.2에서는 일반 눈금으로 비교하였고, 그림 3.3에서는 함숫값의 절대값을 y축에 대한 log 눈금으로 비교하였다. 이분법보다는 할선법이, 할선법보다는 Newton 해법이 보다 정확함을 알 수 있다.

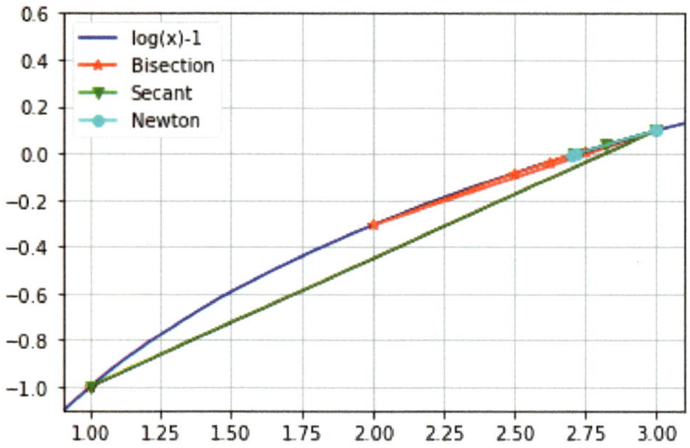

그림 3.2 log(x)−1=0의 해를 구하는 세 가지 해법 비교

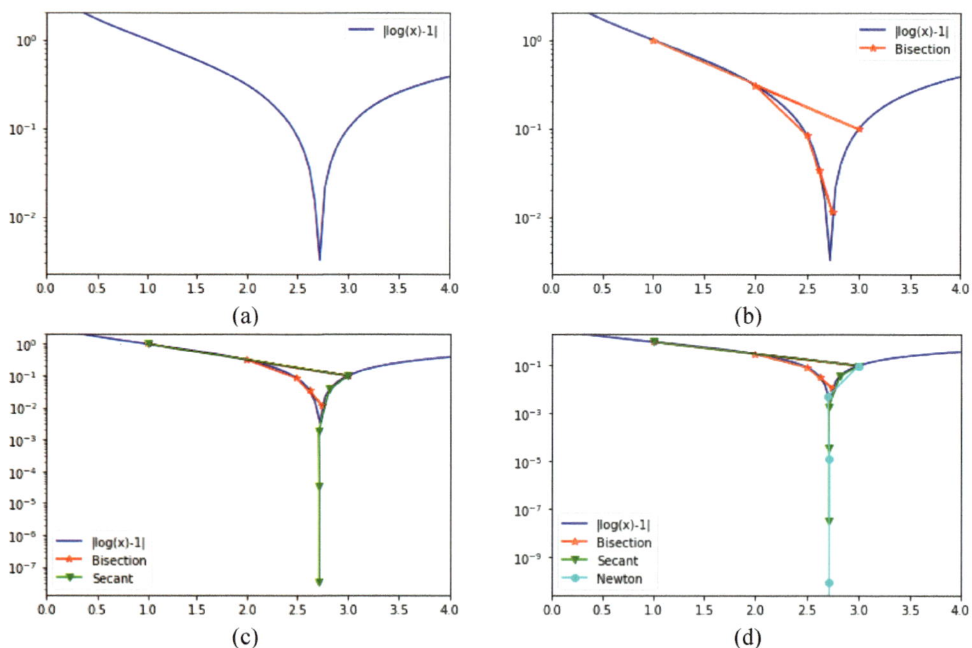

그림 3.3 log(x)−1=0의 근 찾기 해법들(로그 스케일) : (a) |log(x)−1|을 y축을 로그 눈금으로 표현한 것, (b) 이분법, (c) 이분법, 할선법, (d) 이분법, 할선법, 뉴톤법

예제 3.2 (Python code 3.3, 그림 3.4, 그림 3.5)

다음으로 $f_2(x) = \sin x$의 근 중 π를 세 가지 근 찾기 해법으로 구하는 방법을 Pyton code 3.3에 구현하였다. $f_2(x) = \sin x$의 근 들은 $m\pi$, $m = \cdots, -2, -1, 0, 1, 2, \cdots$ 로 무수히 많으므로 초깃값들에 유념하여 근 들을 구해 보자. 결과 그림은 그림 3.4와 그림 3.5에 표시하였다.

Python Code 3.3

```
## Python code 3.3 written by Kiwoon Kwon
### sin(x)
f2 = lambda x: np.sin(x)
f2p = lambda x: np.cos(x)

xb = bisection(f2,3,5,nmax=10)
xs = secant(f2,3,5,nmax=5)
xn = newton(f2,f2p,5,nmax=5)
y = np.linspace(2,5,Mmax=300000)
plt.plot(y,f2(y),'b-',xb,f2(xb),'r-*',xs,f2(xs),'g-v',xn,f2(xn),'c-o')
plt.grid(); plt.show()

plt.semilogy(y,abs(f2(y)),'b-')
plt.show()

plt.semilogy(y,abs(f2(y)),'b-',xb,abs(f2(xb)),'r-*',xs,abs(f2(xs)),'g-
v',xn,abs(f2(xn)),'c-o')
plt.show()
```

그림 3.4는 일반 눈금으로, 그림 3.5는 함숫값의 절대값을 log 눈금으로 표시하였다. 앞의 경우와 마찬가지로, 이분법보다 할선법이 빠름을 알 수 있다. 하지만, Newton 해법의 경우 초깃값 5가 구하고자 하는 함수의 근 π와 충분히 가깝지 않아서, 다른 근 3π로 수렴함을 확인할 수 있다. 이는 할선법이나 Newton 해법에서 종종 일어나는 경우로 초깃값을 잘 설정하여야 한다.

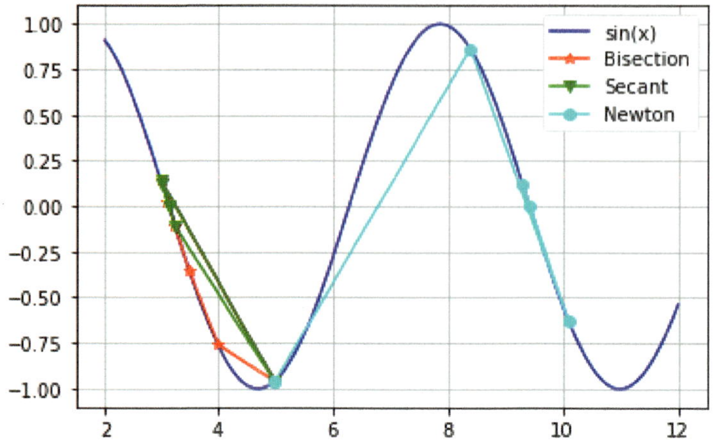

그림 3.4 sin(x)의 근을 $x_{-1} = 5$, $x_0 = 3$일 때, 구하는 세 가지 근 찾기 해법 비교

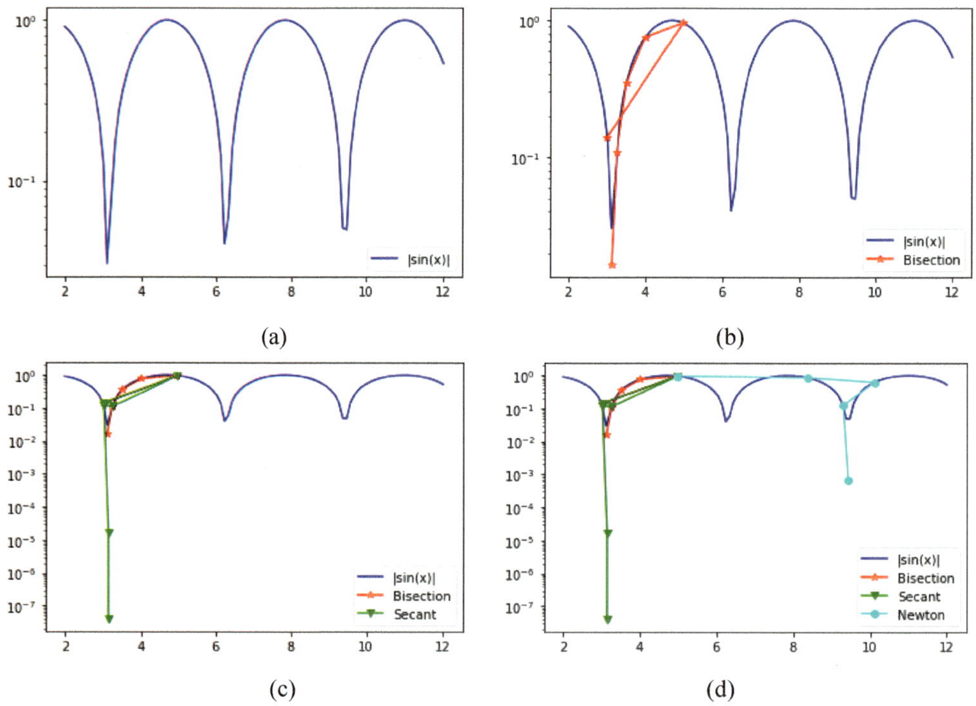

그림 3.5 sin(x)=0의 해를 구하는 근 찾기 해법(로그 스케일):(a) |sin(x)|의 로그 눈금 표현 (b)이분법 (c)이분법, 할선법 (d)이분법, 할선법, Newton 해법

예제 3.3 (Python code 3.4, 그림 3.6, 그림 3.7, 표 3.2)

다음으로, $f_3(x) = (x-1)^{19}$ 의 근 1을 세 가지 해법으로 구하는 코드를 Python code 3.4에 구현하였다. 이 함수는 근 1에서 19중근을 갖고 있다. 일반적으로 n 중근에서 n의 값이 커질수록 Newton 법과 할선법이 아주 느려지는 경향이 있는 데, 이는 이 함수의 미분이 근 근처에서 $n-1$ 중근을 갖고, 따라서, 이 근 근처에서의 미분값이 거의 평평해서 Newton 해법과 할선법에서 근삿값을 개선하는 항의 분모가 거의 0이 되기 때문에 나오는 현상이다. 따라서, 이렇게 중근의 차수가 큰 경우에는 오히려 이분법이 더 빠름을 확인할 수 있다. 세 가지 해법의 계산 결과는 그림 3.6과 그림 3.7에 표시하였고, 표 3.2에서는 처음 네 근삿값을 적어보았다.

```
## Python code 3.4
### (x-1)^19
f3 = lambda x: (x-1)**19
f3p = lambda x: 19*(x-1)**18

xb = bisection(f3,-1,2,nmax)
xs = secant(f3,-1,2,nmax)
xn = newton(f3,f3p,2,nmax)
y = np.linspace(-1,3,Mmax)

plt.plot(y,f3(y),'b-',xb,f3(xb),'r-*',xs,f3(xs),'g-v',xn,f3(xn),'c-o')
plt.legend(['(x-1)**19','Bisection','Secant','Newton'])
plt.grid(); plt.show()

plt.semilogy(y,abs(f3(y)),'b-'),xb,abs(f3(xb)),'r-*',xs,abs(f3(xs)),'g
-v',xn,abs(f3(xn)),'c-o')
plt.legend(['|(x-1)**19|','Bisection','Secant','Newton'])
plt.show()
```

그림 3.6은 일반 눈금으로, 그림 3.7의 근삿값에서 함숫값의 절댓값을 log 눈금으로 표시하였다. 이분법의 근에 비해 할선법과 Newton법의 근의 함숫값은 0으로 수렴하지 않고 정체되어 있음을 볼 수 있다. 표 3.2에서 처음 네 근삿값만 비교해 보아도 근 1에 이분법은 점점 수렴하는 데 비해, 할선법과 Newon 해법의 근삿값이 정체

됨을 확인할 수 있다.

	x1	x2	x3	x4
이분법	0.5	1.25	0.875	1.0625
할선법	1.99999428	1.94736571	1.91801834	1.88215346
뉴톤법	1.94736842	1.89750693	1.85026972	1.80551868

표 3.2 $(x-1)^{19}=0$의 근 1에 대한 세 가지 해법의 수렴성 비교

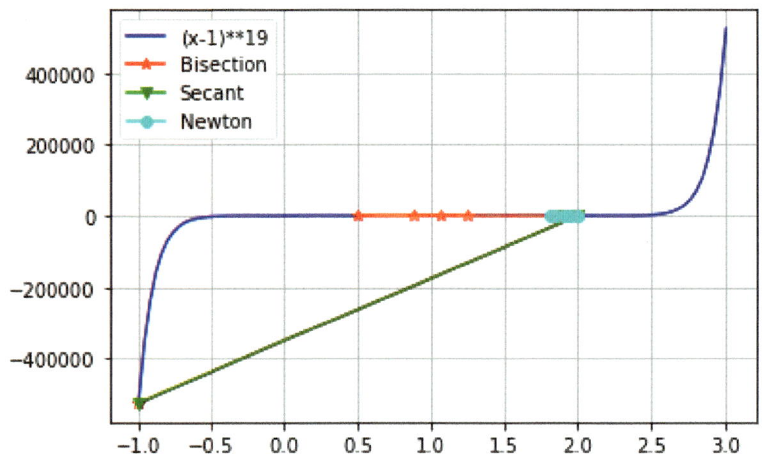

그림 3.6 $(x-1)^{19}=0$의 근을 구하는 세 가지 해법

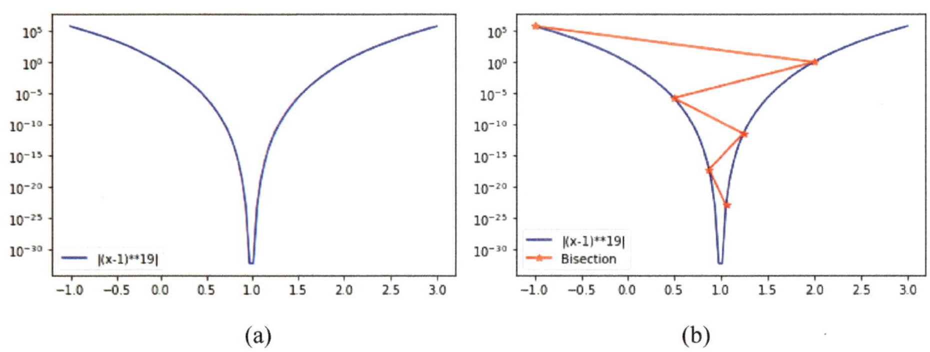

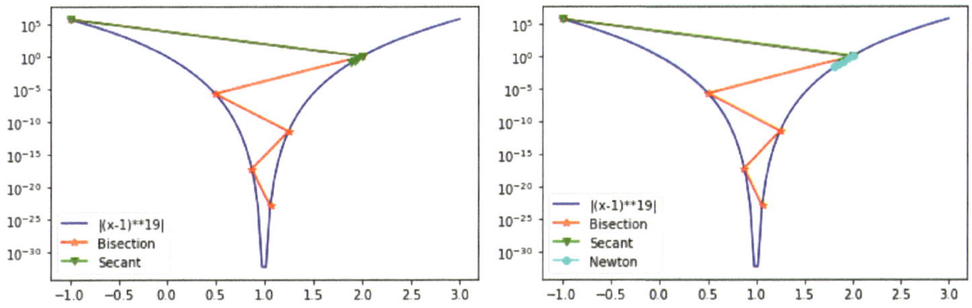

(c) (d)

그림 3.7 $(x-1)^{19}=0$ 의 근을 찾는 방법(로그 스케일): (a) $|(x-1)^{19}|$ (b) 이분법
(c) 이분법, 할선법 (d) 이분법, 할선법, Newton 해법

3.2 수렴차수

이분법, 할선법, Newton 해법에 대한 파이썬 프로그램과 예제들([예제 3.1], [예제 3.2], [예제 3.3])을 통해서 참 해에 대한 수렴성에 대해서 알아보았다. 19중근인 경우 [예제 3.3]인 경우에는 이분법이 가장 빠르고, 초깃값이 충분히 해에 가깝지 않는 [예제 3.2]의 경우에는 뉴톤법(Newton Method)의 해가 의도하지 않게 다른 해로 수렴한다는 것을 알 수 있었다. 하지만, 일반적으로 중근이 아니면서 초깃값이 근에 충분히 가까울 때, [예제 3.1]과 같이 Newton 해법, 할선법, 이분법 순으로 수렴 속도가 빠르다는 것이 알려져 있다.

이 절에서는 **수렴차수(Convergence Order)**를 정의하고, 세 가지 수치해법의 수렴차수를 조사해서 초깃값이 단순근에 가까울 때, 왜 [예제 3.1]과 같이 Newton 해법, 할선법, 이분법 순으로 수렴 속도가 빠른 지 알아볼 것이다.

근 찾기 수치해법에서 구하고자 하는 참 근을 r, 수치해법으로 구한 근사 수열을 $\{x_n\}_{n=0,1,\cdots}$ 이라고 하자. 오차 수열의 n번째 항 $e_n = x_n - r$ 이라고 할 때, 근 찾기

수치해법의 수렴차수 H 는

$$\lim_{n\to\infty}\frac{|e_{n+1}|}{|e_n|^H}=A>0$$

을 만족하는 0 아닌 실수 A가 있을 때만 정의한다[17]. H가 1보다 작을 때는 큰 의미가 없으므로, 수렴차수에 대해 $H\ge 1$을 가정한다. 또한, $H=1$일 때는 $0<A<1$을 가정한다. 여기서, $\lim$는 좀 더 일반적으로, limsup을 써서 일반화할 수도 있다. 여기서, 수렴차수 H는 **최고수렴차수**(Highest Order of Convergence)라고도 불리며, 존재하지 않는 경우도 있다. 최고수렴차수가 존재할 때, A를 **근사오차계수**(Asymptotic Error Coefficient)라고 한다[1].

이분법의 수렴차수를 알아보자. 이분법에서는 오차 수열 e_n에 대한 분석보다는 오차 수열의 근사값 $\widetilde{e_n}:=x_n-x_{n-1}$을 이용하여 분석하는 것이 더 쉬운데, e_n과 $\widetilde{e_n}$ 사이에는 다음이 성립한다.

$$\frac{1}{2}|\widetilde{e_n}|\le|e_n|\le|\widetilde{e_n}|$$

이 관계식을 염두에 두고, 이분법의 수렴차수를 계산해 보면

$$\lim_{n\to\infty}\frac{|\widetilde{e_{n+1}}|}{|\widetilde{e_n}|}=\frac{1}{2}$$

이므로, 이분법의 수렴차수는 1이고, 이 때 근사오차계수는 $\frac{1}{2}$이다.

다음으로, Newton 해법의 수렴차수를 계산해 보자. 근을 구하고자 하는 함수 f의 조건에 따라서 수렴차수가 달라지는 데, 우선 근 r에 대해

$$f'(r)\neq 0,\ f''(r)\neq 0$$

인 경우 수렴차수가 2, 근사오차계수가 $\frac{|f''(r)|}{2|f'(r)|}$가 된다. 만약 $f'(r)=0$이면 r 이 중근이 되는 경우로, 구체적으로 M중근인 경우, 수렴차수는 1이고, 근사오차계수는 $\frac{M}{M+1}$이 된다(부록 7.1 참조). 그리고, $f''(r)=0$ 인 경우는 수렴차수가 2보다 커지게 된다. 이런 경우를 **초수렴(Superconvergence)**라 부르는 데, 어떤 수치해법의 일반적인 수렴속도보다 더 빨라지는 경우에 해당한다.

$f'(r) \neq 0$, $f''(r) \neq 0$ 인 경우에 대해 Newton 해법의 수렴차수가 2임을 간략히 증명해 보자[1]. 함수 f를 주어진 점 x_n에 대해 1차까지 Taylor 급수전개를 하면, x_n과 x_n+h 사이에 있는 어떤 실수 ξ_n에 대해

$$f(x_n+h) = f(x_n) + f'(x_n)h + f''(\xi_n)\frac{h^2}{2}$$

이 성립한다. $h = r - x_n$이라고 하면

$$f(r) = f(x_n) + f'(x_n)(r-x_n) + f''(\xi_n)\frac{(r-x_n)^2}{2}$$

이 된다. 여기서, x_0가 충분이 r에 가까이 있으면 x_n 역시 r에 충분히 가까이 있고, 게다가 f가 두 번 미분한 함수가 연속이라는 가정을 하면 $f'(x_n) \neq 0$ 이고, $f''(\xi_n)$이 $f''(r)$로 가까이 감을 유도할 수 있다. 양변을 $f'(x_n)$으로 나누고, r이 f의 근임과 Newton 해법의 공식 $x_{n+1} = x_n - \frac{f(x_n)}{f'(x_n)}$ 임을 이용하면, 충분히 큰 n에 대해

$$\frac{|e_{n+1}|}{|e_n|^2} \approx \frac{|f''(r)|}{2|f'(r)|}$$

을 유도할 수 있다. 따라서, $f'(r) \neq 0$, $f''(r) \neq 0$ 인 경우, Newton 해법의 수렴차수

는 2이고 근사오차계수는 $\frac{|f''(r)|}{2|f'(r)|}$ 가 된다. 보다 엄밀한 증명은 분할차분(Divided Difference)를 이용하는 것으로 부록 7.1을 참조하자.

할선법의 수렴차수 역시 분할차분을 이용하여 부록 7.1과 같이 증명할 수 있으며, 수렴차수는 $\frac{1+\sqrt{5}}{2}$ 로 약 1.62 정도의 값이 되며, 이분법의 수렴차수 1보다는 크며, Newton 법의 수렴차수 2보다는 작다는 것을 확인할 수 있다.

3.3 Newton 해법과 초깃값

지금까지 세 가지 근 찾기 해법을 세 함수 f_1, f_2, f_3 에 대해 비교해 보았다. 다음으로 이 세 해법 중 Newton 해법이 초깃값에 따라 어떤 경우에 수렴하고, 어떤 경우에 발산하며, 어떤 경우에는 순환반복(Cycling)하는 지 알아보자.

먼저, Newon 해법이 예상했던 근 π와 다른 근 3π로 수렴했던 [예제 3.2]의 함수 $f_2(x) = \sin x$ 에 좀 더 집중해서 알아보자. 이번에는 여러 근 $m\pi,\ m = \cdots, -2, -1, 0, 1, 2, \cdots$ 중에 근을 0으로 설정하고 다른 근으로 수렴하지 않게 하면서, 0 근방에서 언제 근 0에 수렴하고, 언제 그렇지 않은 지 확인해 보자. 구간 $[-\frac{\pi}{2}, \frac{\pi}{2}]$ 에서만 Newton 해법의 근삿값을 구하고, 다른 근삿값들이 이 범위를 벗어나지 않게 하려고 함수 $\text{sin}ext$ 를 정의하고 sin 함수 대신 사용해 보자. 즉, Newton 해법의 근삿값 x_n이 $[-\frac{\pi}{2}, \frac{\pi}{2}]$을 벗어나려 할 때 이 구간안으로 다시 돌아올 수 있게 sin 함수를 다음과 같이 변형하였다. 그리고, $\text{cos}ext$ 함수는 $\text{sin}ext$ 함수의 미분 함수이다.

$$\sin ext(x) = \begin{cases} \sin x, & -\frac{\pi}{2} \le x \le \frac{\pi}{2}, \\ 10(x - \frac{\pi}{2}) + 1, & x > \frac{\pi}{2}, \\ 10(x + \frac{\pi}{2}) - 1, & x < -\frac{\pi}{2}, \end{cases}$$

$$\cos ext(x) = \begin{cases} \cos x, & -\frac{\pi}{2} \le x \le \frac{\pi}{2}, \\ 10, & Otherwise. \end{cases}$$

이 두 함수는 Python code 3.5에 정의하였고, 그 결과는 그림 3.8과 같다.

Python Code 3.5

```
## Python code 3.5 written by Kiwoon Kwon
import numpy as np
import matplotlib.pyplot as plt

def sinext(x):
    yp = (10*(x-np.pi/2)+1)*(x>np.pi/2)
    ym = (10*(x+np.pi/2)-1)*(x<-np.pi/2)
    y0 = (x<=np.pi/2)*(x>=-np.pi/2)*np.sin(x)
    return y0 + yp + ym
def cosext(x):
    yp = 10*(x>np.pi/2)
    ym = 10*(x<-np.pi/2)
    y0 = (x<=np.pi/2)*(x>=-np.pi/2)*np.cos(x)
    return y0 + yp + ym

x = np.linspace(-3,3,100)
plt.figure()
plt.plot(x,np.sin(x),'y-',x,sinext(x),'r-',x,np.cos(x),'c-',x,cosext(x),'b-')
plt.legend(['sin', 'sinext','cos','cosext'])
plt.show()

plt.figure()
plt.plot(x,np.sin(x),'y-',x,sinext(x),'r-',x,np.cos(x),'c-',x,cosext(x),'b-')
plt.legend(['sin', 'sinext','cos','cosext'])
plt.axis([-3,3,-2,2])
plt.show()
```

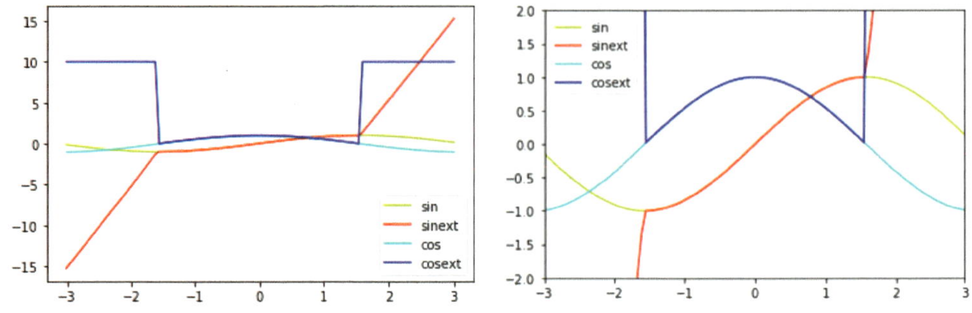

(a) (b)

그림 3.8 sin, cos 함수와 이 함수의 변형된 함수들 (sinext, cosext): y축 scale이 [−15,15] 일 때와 (b) [−2,2] 일 때 그래프

예제 3.4 (Python code 3.6, 그림 3.9, 그림 3.10, 그림 3.11, 표 3.3)

Newton 해법으로 주어진 함수의 근을 구할 때, 초깃값이 해 근처에 있으면 수렴한다. 그런데, 초깃값이 근에서 점점 멀어지면 근보다 큰 값을 갖다가 작은 값을 가지면서 두 점을 왔다갔다 반복하는 현상이 생긴다. 이를 **순환반복(Cycling) 현상**이라고 하는데, 앞서 구한 sinext 함수와 이 함수의 미분 대체용으로 쓰이는 cosext 함수를 통해, sin 함수의 $\left[-\frac{\pi}{2}, \frac{\pi}{2}\right]$ 구간에서의 순환반복 현상을 알아보자. 순환반복을 하는 점을 $\alpha > 0$ 이라고 하면

$$-\alpha = \alpha - \frac{sinext(\alpha)}{cosext(\alpha)} = \begin{cases} \alpha - \tan\alpha, & -\frac{\pi}{2} \le \alpha \le \frac{\pi}{2}, \\ \alpha - \frac{\pi}{2} + \frac{1}{10}, & \alpha > \frac{\pi}{2}, \\ \alpha + \frac{\pi}{2} - \frac{1}{10}, & \alpha < -\frac{\pi}{2}. \end{cases}$$

이어야 한다. 따라서, $-\frac{\pi}{2} < \alpha < \frac{\pi}{2}$이고 $\tan\alpha = 2\alpha$ 이다. $g(x) = \tan x - 2x$ 라 하면 α는 이 함수의 근이고, $g(1) < 0, g(1.2) > 0$ 임을 이용하면 근 α는 1과 1.2사이에 있다. 이분법을 이용하여 이 근을 구하면 $\alpha =$ 1.1655611852072107가 된다. 이를 이용하여 초깃값이 α, $\alpha + 0.01$, $\alpha - 0.01$ 일 때, Newton 해법의 근은 각각 순환반복, 발산, 수렴함을 알 수 있다. Python code 3.6을 이용하여 구현한 결과는 그림 3.9, 그림

3.10, 그림 3.11에서 각각 확인할 수 있다. (a)에서는 일반 눈금으로 (b)에서는 절대값에 대한 log 눈금으로 표시하였다. 표 3.3에서는 처음 7개의 근삿값을 표시하여 각각 순환반복, 발산, 수렴함을 확인하였다.

Python Code 3.6

```
## Python code 3.6 written by Kiwoon Kwon
g = lambda x: np.tan(x) - 2*x; a = 1; b = 1.2;
x = bisection(g,a,b,50); alpha = x[-1]

# Cycling alpha = 1.1655611852072107
x = newton(sinext,cosext,alpha,nmax=8)
y = np.linspace(-3,3,1000000)
plt.plot(y,sinext(y),'b-',x,sinext(x),'r-*'), plt.grid()
plt.axis([-2,2,-2,2]), plt.show()
plt.semilogy(y,abs(sinext(y)),'b-',x,abs(sinext(x)),'r-*'), plt.show()

# Divergence
x = newton(sinext,cosext,alpha+0.01,nmax=8)
y = np.linspace(-3,3,1000000)
plt.plot(y,sinext(y),'b-',x,sinext(x),'r-*'), plt.grid()
plt.axis([-2,2,-2,2]), plt.show()
plt.semilogy(y,abs(sinext(y)),'b-',x,abs(sinext(x)),'r-*'), plt.show()

# Convergence
x = newton(sinext,cosext,alpha-0.01,nmax=8)
y = np.linspace(-3,3,1000000)
plt.plot(y,sinext(y),'b-',x,sinext(x),'r-*'), plt.grid()
plt.axis([-2,2,-2,2]), plt.show()
plt.semilogy(y,abs(sinext(y)),'b-',x,abs(sinext(x)),'r-*'), plt.show()
```

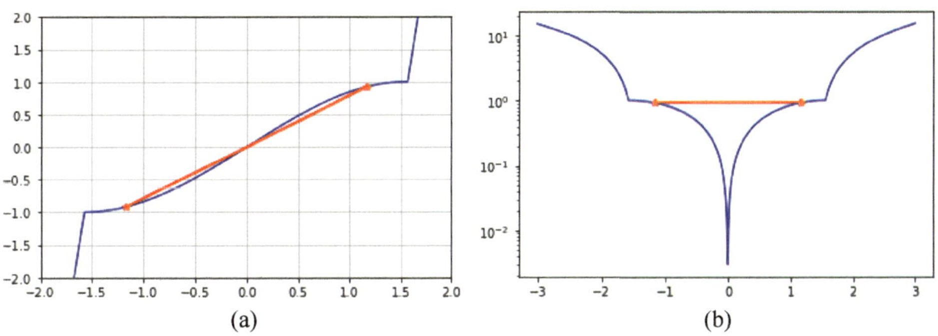

그림 3.9 sinext(x)=0 함수의 근 0을 뉴톤법으로 구할 때 나타나는 순환반복 (Cycling) 현상: (a) 일반 스케일 (b) 절대값에 대한 로그스케일

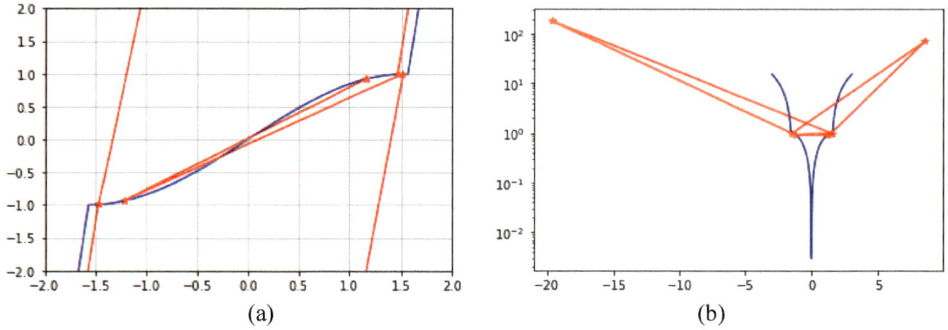

그림 3.10 sinext(x)=0 함수의 근 0을 뉴톤법으로 구할 때 나타나는 발산 (Divergence) 현상; (a) 일반 스케일 (b) 절대값에 대한 로그스케일

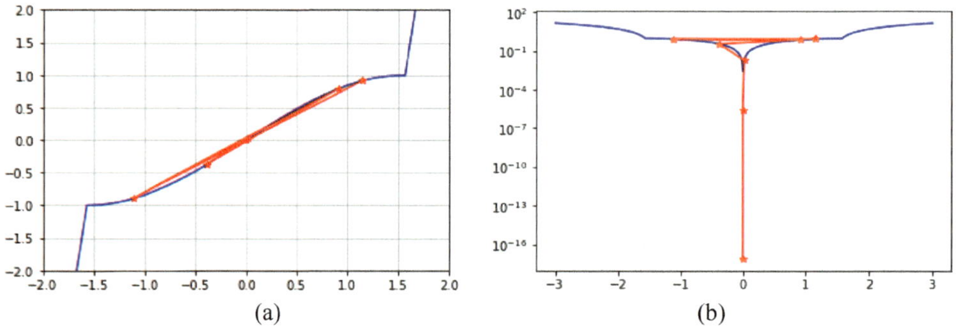

그림 3.11 sinext(x)=0 함수의 근 0을 뉴톤법으로 구할 때 나타나는 수렴(Convergence) 현상: (a) 일반 스케일 (b) 절대값에 대한 로그스케일

	x0	x1	x2	x3	x4	x5	x6
수렴	1.16	-1.11	0.92	-0.39	2.03e-02	-2.77e-06	7.10e-18
순환반복	1.16556	-1.16556	1.16556	-1.16556	1.16556	-1.16556	1.16556
발산	1.17556	-1.22144	1.52356	-19.6306	-1.47096	8.49585	1.47080

표 3.3 sinext(x)=0의 근을 뉴톤법으로 구할 때 초깃값에 따라 다르게 나타나는 수렴, 순환반복, 발산 현상에 대한 구체적 수치들

연·습·문·제

[3.1] $a<b$인 두 실수 a,b가 있을 때, 실구간 $[a,b]$에서 연속이면서 양 끝점에서의 함수 값의 부호가 다른 실함수 f에 대해, 구간 $[a,b]$ 사이에 f의 근이 존재함을 보이라.

[3.2] 위 문제의 근을 $x_{-1}=a,\ x_0=b$라 하고, 이분법을 이용하여 근 r에 대한 근삿값 수열 $x_n, n=1,2,3,\cdots$ 을 구할 때,

$$|x_n-r|\le\frac{b-a}{2^n},\ \ n=1,\cdots$$

이 성립함을 증명하라.

[3.3] $f(x)=x-\frac{63}{128}$ 이고 $x_{-1}=0, x_0=1$ 일 때, 이분법 오차의 상한 $\widetilde{e_n}=|x_n-x_{n-1}|$ 과 실제 오차 $e_n=\left|x_n-\frac{63}{128}\right|$을 $n=1,2,3,4,5$에 대하여 구하고, 오차의 상한의 최솟값은 $\widetilde{e_5}$ 이지만, 실제 오차의 최솟값은 e_5가 아님을 보이라.

[3.4] $x^5+5x^2-10=0$ 의 근이 0과 2사이에 존재함을 보이고, 이분법에서는 $x_{-1}=0,\ x_0=2$ 로 하고, Newton 해법에서는 $x_0=2$ 로 하여 근사해를 구할 때, 이전 근삿값과 현재 근삿값의 차이가 처음으로 10^{-2} 보다 작을 때멈춘다고 하자. 두 해법에 의한 근삿값과 반복수를 구하시오.

[3.5] 어떤 근찾기 수치해법에 대한 수렴차수가 존재하고, 오차 수열 e_n이

$$\lim_{n\to\infty}\frac{|e_{n+1}|}{|e_n|^p}=0$$

을 만족할 때, 이 수치해법의 수렴차수는 p보다 큼을 증명하시오.

[3.6] 어떤 근 찾기 수치해법에 대한 오차 수열 e_n 이 다음과 같을 때

$$e_n = 10^{-3^n + \log n}$$

일 때, $1 \leq p < 3$ 이면

$$\lim_{n \to \infty} \frac{|e_{n+1}|}{|e_n|^p} = 0$$

이고 수렴차수를 정의할 수 없음을 보이시오.

[3.7] 0으로 수렴하는 수열 $e_n = \dfrac{1}{\exp(\exp(\exp(n)))}$ 은 1보다 큰 실수 α에 대하여 다음의 실수

$$A(\alpha) = \lim_{n \to \infty}\left(\frac{|e_{n+1}|}{|e_n|^{\alpha}}\right)$$

가 존재하는 데, 이 값을 구하여라. e_n 이 어떤 근 찾기 수치해법의 오차수열이라고 할 때, 이 수치해법의 수렴차수를 구하라.

[3.8] 임의의 양수 A에 대해 다음 두 수열의 x_n이 $\sqrt{A}$ 근처에 있을 때, $\sqrt{A}$ 로 수렴함을 보이고, 수렴차수를 구하시오.

(a) $x_{n+1} = \dfrac{1}{2}\left(x_n + \dfrac{A}{x_n}\right)$

(b) $x_{n+1} = \dfrac{x_n(x_n^2 + 3A)}{3x_n^2 + A}$

[3.9] 함수 $y = \log(x)$에 대해 초깃값 x_0가 $\dfrac{1}{e} < x_0 < e$일 때 Newton 해법이 수렴함을 보이고, $x_0 = 0.4, 0.8, 1.2, 1.6$ 에 대해 다음 표를 채우시오. 소숫점 아래 네 자리까지 구하시오.

x_0	x_1	x_2	x_3	x_4	x_5
0.4000					
0.8000					
1.2000					
1.6000					

[3.10] 다음 함수 $f(x)$들의 공통 근 0을 근방에서 Newton 해법을 이용해서 구하고자 한다. 이 때 각 함수의 수렴차수와 근사오차계수를 구하고 그 결과를 증명하라.

(a) $f(x) = \log(1+\sin x)$

(b) $f(x) = 1-\cos x$

(c) $f(x) = \sin x$

제4장 1계 미분방정식 초깃값 문제 (IVP: Initial Value Problem)

다음과 같은 1계 미분방정식 **초깃값 문제**를 고려해보자.

$$y' = f(t, y(t)) \text{ on } [t_0, t_f], \quad y(t_0) = a_0 \qquad (4.1)$$

여기서, 함수 f를 두 가지로 해석할 수 있다. y를 t에 대한 함수, 즉 t에 대한 종속변수로 보면 $f(t, y(t))$는 시간 t에 대한 1변수 함수가 되며, y를 시간 t에 독립적인 변수로 본다면 $f(t, y)$는 시간 t와 독립변수 y에 대한 2변수 함수로 볼 수 있다. 함수 f를 1변수 혹은 2변수 함수로 생각할 때, 각각 $f(t, y(t))$와 $f(t, y)$로 표기하기로 하자.

이 1계 미분방정식 초깃값 문제에 대해 다음 두 가지가 알려져 있다.

정리 4.1 어떤 양수 ϵ에 대해

1) $f(t, y(t))$가 닫힌구간 $[t_0 - \epsilon, t_f + \epsilon]$에서 연속이면 1계 미분방정식 초깃값 문제(4.1)은 어떤 양수 δ에 대해 닫힌구간 $[t_0 - \delta, t_0 + \delta]$에서 해를 가진다.
2) $f(t, y)$가 영역 $[t_0 - \epsilon, t_f + \epsilon] \times (-\infty, \infty)$ 에서 변수 y에 대해 Lipshitz 연속일 때, (4.1)은 닫힌구간 $[t_0 - \epsilon, t_f + \epsilon]$에서 유일한 해를 가진다.

여기서, 2변수 함수 $f(t, y)$가 영역 $[t_0, t_f] \times (-\infty, \infty)$에서 변수 y에 대해 **Lipshitz 연속**이라 함은 어떤 양수 L이 있어서 모든 $t \in [t_0, t_f]$, $y_1, y_2 \in (-\infty, \infty)$에 대해

$$|f(t,y_1)-f(t,y_2)| \le L|y_1-y_2|$$

임을 의미한다. 정리 4.1(a)의 증명은 [6], 정리4.1(b)의 증명은 부록 7.2를 참조하라.

4.1 세 가지 수치해법 (Euler 해법, 개선된 Euler 해법, Runge-Kutta 해법)

1계 미분방정식 초깃값 문제에 대한 수치해법 중에 이 장에서는 **Euler 해법, 개선된 Euler 해법, Runge-Kutta 해법**를 알아보겠다. 자연수 N에 대해 $h=\dfrac{t_f-t_0}{N}$, $t_i=t_0+ih, i=1,2,\cdots,N$ 이라고 할 때, 세 해법은 $y(t_f)$에 대한 오차가 각각 $O(h)$, $O(h^2)$, $O(h^4)$ 인 해법임이 알려져 있다. 즉, h가 $\dfrac{1}{10}$로 줄어든다고 할 때 세 해법에 의한 $y(t_f)$에 대한 오차는 각각 $\dfrac{1}{10}, \dfrac{1}{100}, \dfrac{1}{10000}$ 줄어든다는 뜻이다.

각각의 해법은

$$y(t_{i+1})=y(t_i)+\int_{t_i}^{t_{i+1}} y'(s)ds$$

에서 오른쪽 적분을 수치 적분할 때 Euler 해법은 $hy'(t_i)$으로, 개선된 Euler 해법과 Runge-Kutta해법은 각각 사다리꼴(Trapezoidal) 및 Simpson 수치적분을 사용하여 근사하였다. 위의 오차에 대한 h의 수렴정도(order) 1,2,4는 이 수치적분에 대한 오차의 수렴정도와 관련이 있다.

세 해법에 의한 $y(t_i)$에 대한 근사값을 각각 y_i^E, y_i^I, y_i^R 라고 하면

$$
\begin{aligned}
&y_0^E = y_0\,;\ y_{i+1}^E = y_i^E + hf(t_i, y_i^E),\ i = 0, 1, \cdots, N-1,\\
&y_0^I = y_0\,;\ y_{i+1}^I = y_i^I + \frac{h}{2}\big(f(t_i, y_i^I) + f(t_{i+1}, y_i^I + hf(t_i, y_i^I))\big),\ i = 0, 1, \cdots, N-1,\\
&y_0^R = y_0\,;\\
&k_1 = f(t_i, y_i^R),\ k_2 = f\Big(t_i + \frac{h}{2}, y_i^R + \frac{h}{2}k_1\Big),\ k_3 = f\Big(t_i + \frac{h}{2}, y_i^R + \frac{h}{2}k_2\Big),\ k_4 = f(t_{i+1}, y_i^R + hk_3),\\
&y_{i+1}^R = y_i^R + \frac{h}{6}(k_1 + 2k_2 + 2k_3 + k_4),\ i = 0, 1, \cdots, N-1
\end{aligned}
$$

이다. 이 세 해법에 대한 파이썬 코드는 다음 Python code 4.1에 있다. 입력 변수는 함수 f, 초기 시간 t_0, 종료 시간 t_f, 분할 수 N 이고, 출력 변수는 각각 $N+1$행 벡터인 해 y 와 시간 t이다.

Python Code 4.1

```
# Python code 4.1 written by Kiwoon Kwon
import numpy as np

#y'=f(t,y), y(t0)=y0
#### Euler O(h)
def Euler(f,t0,tf,y0,N):
    t = np.linspace(t0,tf,N+1); h=(tf-t0)/N
    y = np.zeros(N+1); y[0] = y0
    for i in range(N):
        y[i+1] = y[i] + h*f(t[i],y[i])
    return y,t

#### IEuler O(h^2)
def IEuler(f,t0,tf,y0,N):
    t = np.linspace(t0,tf,N+1); h=(tf-t0)/N
    y = np.zeros(N+1); y[0] = y0
    for i in range(N):
        fty = f(t[i],y[i])
        y[i+1] = y[i] + h/2*( fty + f(t[i+1],y[i]+h*fty) ) #Heun type
        #y[i+1] = y[i] + h*f( t[i]+h/2, y[i]+h/2*fty ) #RK2 type
    return y,t

#### RK O(h^4)
def RK(f,t0,tf,y0,N):
    t = np.linspace(t0,tf,N+1); h=(tf-t0)/N
```

```
    y = np.zeros(N+1); y[0] = y0
    for i in range(N):
        y1 = f(t[i],y[i])
        y2 = f(t[i]+h/2, y[i]+h/2*y1)
        y3 = f(t[i]+h/2, y[i]+h/2*y2)
        y4 = f(t[i]+h, y[i]+h*y3)
        y[i+1] = y[i] + h/6*( y1 + 2*y2 + 2*y3 + y4)
    return y,t
```

예제 4.1 (Python code 4.2, 그림 4.1)

세 해법의 오차를 비교해 보기위해 다음과 같은 간단한 1계 미분방정식 초깃값 문제를 생각해 보자.

$$\begin{aligned} &y' = ty,\ t \in [1,3], \\ &y(1) = 1. \end{aligned} \quad (4.2)$$

이 초깃값 문제의 해 $y_{tr}(t) = \exp\left(\frac{t^2-1}{2}\right)$ 임을 쉽게 확인할 수 있다. 구간 $[1,3]$을 $N=10$등분 했을 때, Euler, 개선된 Euler, Runge-Kutta에 의한 해를 구하고 이를 참값 y_{tr}과 비교하는 파이썬 코드는 Python code 4.2와 같다.

Python Code 4.2

```
## Python code 4.2 written by Kiwoon Kwon
def trf(t):
    return np.exp(t*t/2-1/2)
def f(t,y):
    return t*y

t0=1; tf=3; y0=1; N=10
yE,t = Euler(f,t0,tf,y0,N)
yI,dummy = IEuler(f,t0,tf,y0,N)
yR,dummy = RK(f,t0,tf,y0,N)
ttrue = np.linspace(t0,tf,100)
yT = trf(ttrue)
yTT = trf(t)
```

```
plt.plot(ttrue,yT,'r-',t,yE,'b*-',t,yI,'cv-',t,yR,'kp-')
#plt.axis([0,5,0,2])
plt.grid(); plt.legend(['True','Euler','IEuler','RK'])
plt.show()

plt.semilogy(t,yTT-yE,'b*-',t,yTT-yI,'cv-',t,yTT-yR,'kp-')
#plt.axis([0,5,0,2])
plt.grid(); plt.legend(['Euler','IEuler','RK'])
plt.show()

plt.plot(ttrue,yT,'r-',t,yR,'kp-') #plt.axis([0,5,0,2])
plt.grid(); #plt.legend(['True','Euler','IEuler','3rd Taylor','RK'])
plt.show()
```

그림 4.1은 세 해법에 대한 초깃값 문제 (4.2)에 대한 근사해와 그 오차에 대한 그림이다. (a)를 보면 빨간 색의 참해에 대해 Euler근삿값이 제일 멀리 떨어져 있고, Runge-Kutta 근삿값이 가장 가까이 있음을 알 수 있다. (b)는 그 오차를 로그스케일로 표현한 것으로 여기서도 Euler, 개선된 Euler, Runge-Kutta 근삿값 순으로 오차가 작음을 알 수 있고, 각 오차는 참값의 형태와 비슷하게 지수적으로 증가함을 알 수 있다.

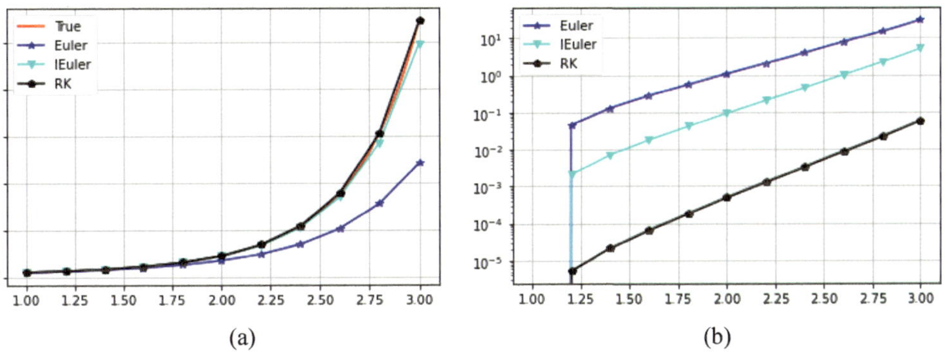

그림 4.1 (a) 초깃값 문제 대한 세 가지 해법들 (b) 세 가지 해법에 대한 오차의 로그 스케일

4.2 안정성

충분히 가까운 두 초깃값 y_0와 $\tilde{y}_0$에 대해 미분방정식 초깃값 문제 (4.1)의 해 $y, \tilde{y}$의 마지막 시간에서의 값 $y(t_f), \tilde{y}(t_f)$ 역시 충분히 가까울 때 초깃값 문제 (4.1)이 **'안정하다'** 라고 한다. 반면, 그렇지 않은 경우를 **'불안정하다'** 라고 한다.

초깃값 문제 (4.1)의 안정성은 아래와 같이 $\frac{\partial f}{\partial y}$의 부호로 판별할 수 있다.

$$\frac{\partial f}{\partial y} < 0 \text{이면 안정하고, } \frac{\partial f}{\partial y} > 0 \text{이면 불안정하다.}$$

그리고, $\frac{\partial f}{\partial y}$의 절대값은 y에 대한 f의 Lipschitz 계수 L (식 (4.2)의 상수 L) 과도 관련이 있다.

두 독립변수 t, y 에 대한 2변수 함수 f_1, f_2 가 다음과 같을 때 관련된 초깃값 문제 (4.1)의 안정성을 생각해 보자.

문제 4.1 $f_1(t,y) = -ty^3,\ t > 0$ 일 때, 관련된 초깃값 문제 (4.1)의 안정성을 말하여라.

풀이 $\frac{\partial f_1}{\partial y} = -3ty^2 < 0$ 이므로 관련된 초깃값 문제 (4.1)은 안정하다.

문제 4.2 $f_2(t,y) = y - 0.8y\sin(t^2)$ 일 때, 관련된 초깃값 문제 (4.1)의 안정성을 말하여라.

풀이 $\frac{\partial f_2}{\partial y} = 1 - 0.8\sin(t^2) \geq 0.2 > 0$ 이므로 관련된 초깃값 문제 (4.1)은 불안정하다.

예제 4.2 (Python code 4.3, 그림 4.2)

이제 f_1, f_2와 관련된 두 초깃값 문제의 안정성을 파이썬 코드 4.3으로 확인해보자. $t_0 = 0$, $t_f = 3$, $N = 100$으로 선택하였고, 초깃값은 -20과 20사이를 40등분한 값으로 하였다.

Python Code 4.3

```
## Python code 4.3 written by Kiwoon Kwon
def f1(t,y):
    return -t*y**3
def f2(t,y):
    return y-0.8*y*np.sin(t**2)

y00 = np.linspace(-20,20,40)
plt.figure()

for i in range(40):
    y,t = RK(f1,0,3,y00[i],100)
    plt.plot(t,y)
plt.title('Stable')
plt.show()

for i in range(40):
    y,t = RK(f2,0,3,y00[i],100)
    plt.plot(t,y)
plt.title('Unstable')
plt.show()
```

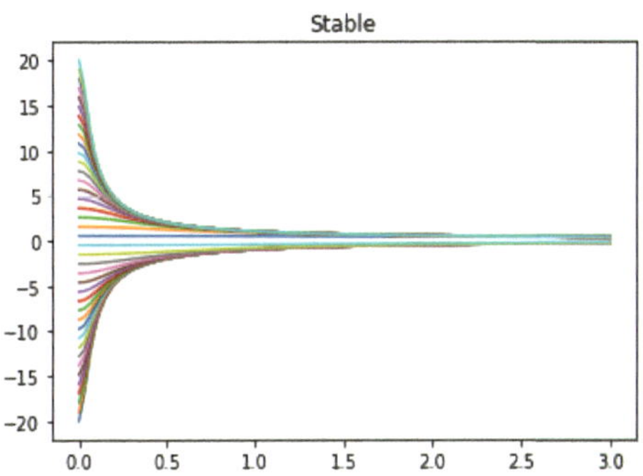

(a)

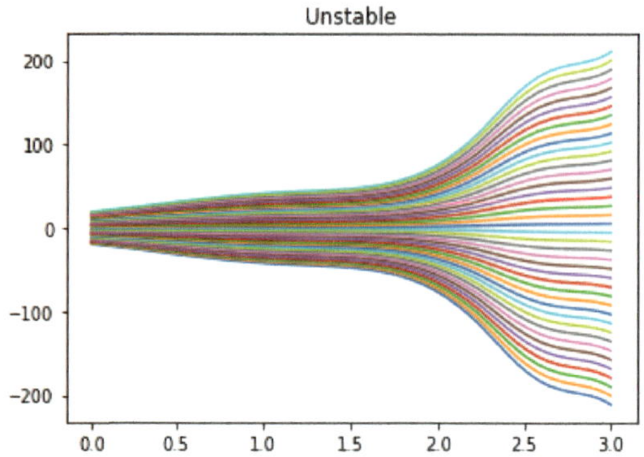

(b)

그림 4.2 초깃값 문제에 대한 해의 안정성 (a) 안정한 경우($f_1(t,y) = -ty^3$)와 (b) 불안정한 경우($f_2(t,y) = y - 0.8y\sin(t^2)$)

4.3 Malthus, Verhulst, Gomperz 방정식

Malthus가 인구론을 제안한 이후로, Verhulst, Gomperz같은 학자들이 Mathus의 인구 증가 미분 방정식들을 내놓았다.

시간 $t\,(t_0 \le t \le t_f)$에서 주어진 집단의 인구를 각각 $P_M(t), P_V(t), P_G(t)$, 인구 증가율을 상수 r, **최대 수용 인구**를 K라고 했을 때, 각각의 방정식은 다음과 같다.

$$P_M{}'(t) = rP_M(t)\,;\ \ P_M(t_0) = P_0$$

$$P_V{}'(t) = rP_V(t)\frac{1 - \dfrac{P_V(t)}{K}}{1 - \dfrac{P_0}{K}}\,; P_V(t_0) = P_0$$

$$P_G{}'(t) = rP_G(t)\frac{\log\left(\dfrac{K}{P_G(t)}\right)}{\log\left(\dfrac{K}{P_0}\right)}\,; P_G(t_0) = P_0$$

세 방정식은 모두 $t=t_0$근처에서 비슷하게 증감한다. 하지만 $r>0$인 경우, 시간이 충분히 흐른 후에 Malthus 방정식의 해는 기하급수적으로 증가하는 반면, Verhulst와 Gomperz 방정식의 해들은 증가율은 거의 0에 가까워져서 최대 수용 인구 K로 수렴함을 알 수 있다. Verhulst 방정식은 보급(Logistic) 방정식으로도 알려져있다.

이 세 방정식에 대한 참 해가 알려져 있는데 이는 다음과 같다.

$$\begin{aligned} P_M(t) &= P_0 \exp(rt), \\ P_V(t) &= \frac{K}{1+\left(\dfrac{K}{P_0}-1\right)\exp\left(\dfrac{-rtK}{K-P_0}\right)}, \\ P_G(t) &= K\left(\frac{P_0}{K}\right)^{\exp\left(\frac{-rt}{\log(K/P_0)}\right)}. \end{aligned}$$

예제 4.3 (Python code 4.4, 그림 4.3)

이 세 방정식을 미국 인구 조사 통계에 적용해 보자. 미국은 1790년 제1회 인구조사 이래 매 10년마다 인구 조사를 시행하고 있다. 1790년 당시 미국 인구는 약 3.9백만 명이다. [1]과 같이 인구 증가율 $r=0.0318$, 최대 수용 인구 $K=3\text{억}=300\text{백만}$ 이라고 할 때, 2020년까지의 세 방정식에 의한 인구 추정치 P_M, P_V, P_G를 비교하였고, Verhulst와 Gomperz 방정식에 의한 인구를 좀 더 조사해보기 위해 2060년 까지의 인구를 추가로 계산하였다. 이 과정을 Python code 4.4에 구현하였고, 계산 결과는 그림 4.3에 나와 있다.

Python Code 4.4

```
## Python code 4.4 written by Kiwoon Kwon
def Malthus(t,P):
    return 0.0318*P
def Verhulst(t,P):
```

```
    return 0.0318*P*(1-P/300)
def Gomperz(t,P):
    return 0.0318*P*np.log(300/P)/np.log(300/3.9)
y0 = 3.9; t0=1790; tf=2022; N=tf-t0
yM,t = RK(Malthus,t0,tf,y0,N)
yL,t = RK(Verhulst,t0,tf,y0,N)
yG,dummy = RK(Gomperz,t0,tf,y0,N)

## Logistic and Gomperz
plt.plot(t,yM,'g-',t,yL,'b-',t,yG,'r-')
plt.legend(['Malthus','Verhulst','Gomperz'])
plt.show()

plt.plot(t,yL,'b-',t,yG,'r-')
plt.legend(['Verhulst','Gomperz'])
plt.show()

tf = 2600
yL,t = RK(Verhulst,t0,tf,y0,N)
yG,dummy = RK(Gomperz,t0,tf,y0,N)

plt.plot(t,yL,'b-',t,yG,'r-')
plt.legend(['Verhulst','Gomperz'])
plt.show()
```

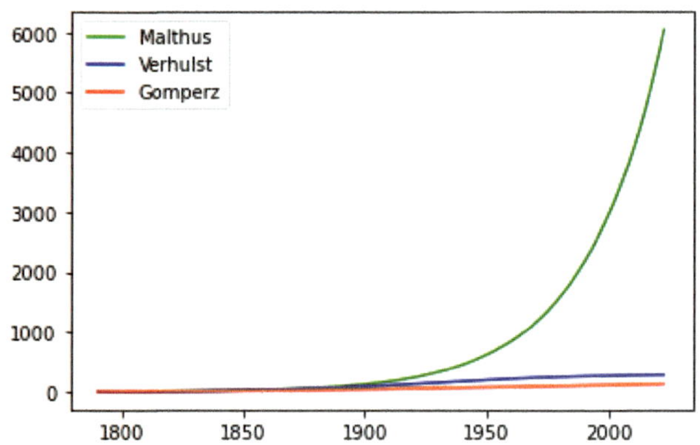

(a)

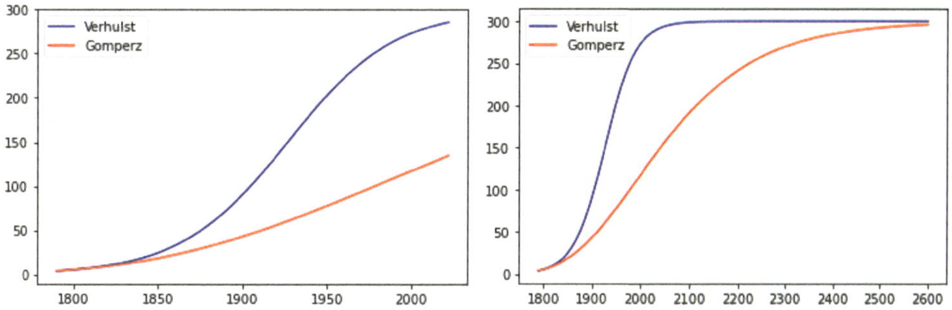

(b) (c)

그림 4.3 Malthus, Verhulst, Gomperz 인구방정식 비교:
(a) 2022년까지 세 방정식 비교
(b) 2022년까지 Verhulst와 Gomperz 인구방정식 비교
(c) 2060년까지 Verhulst와 Gomperz 인구방정식 비교

그림 4.3에서 보는 바와 같이 Malthus 인구방정식은 $r > 0$인 경우 기하급수적으로 증가하므로 2022년 기준 약 60억이 넘는 인구를 가진다는 다소 비현실적인 결과를 보여준다. 반면 (c)에서 보는 바와 같이 Verhulst 방정식과 Gomperz 방정식에 의한 근삿값은 미리 설정해 놓은 최대수용인구 3억에 어떻게 수렴하는지 예측을 한다. Gomperz 방정식의 인구는 Verhulst 방정식의 인구에 비해 초기에 천천히 증가하는 경향이 있다.

예제 4.4 (Python code 4.5, 그림 4.4)

Verhulst 방정식과 Gomperz 방정식이 초깃값에 얼마나 의존하는 지를 파이썬 코드 4.5에서 조사해보았다. 초깃값이 $10, 20, 30, \cdots, 350$ (백만)인 경우에 대해서 조사한 결과를 그림 4.4에 그려 보았다.

Python Code 4.5

```
## Python code 4.5 written by Kiwoon Kwon
for y0 in range(10,350,10):
    yR,dummy = RK(Verhulst,t0,tf,y0,N)
    plt.plot(t,yR)
plt.title('Verhulst:Initial Condition')
plt.show()

for y0 in range(10,350,10):
    yR,dummy = RK(Gomperz,t0,tf,y0,N)
    plt.plot(t,yR)
plt.title('Gomperz:Initial Condition')
plt.show()
```

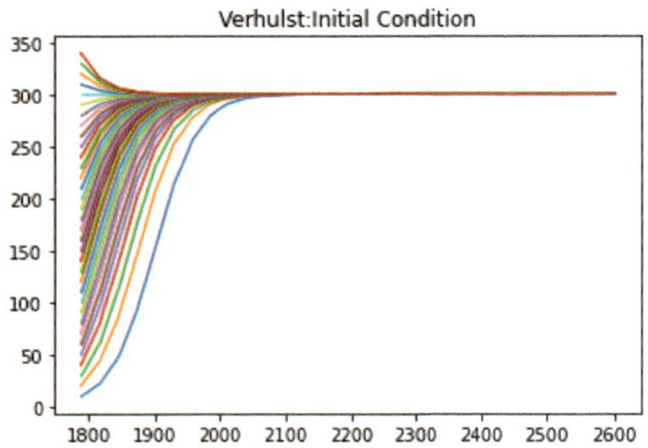

(a)

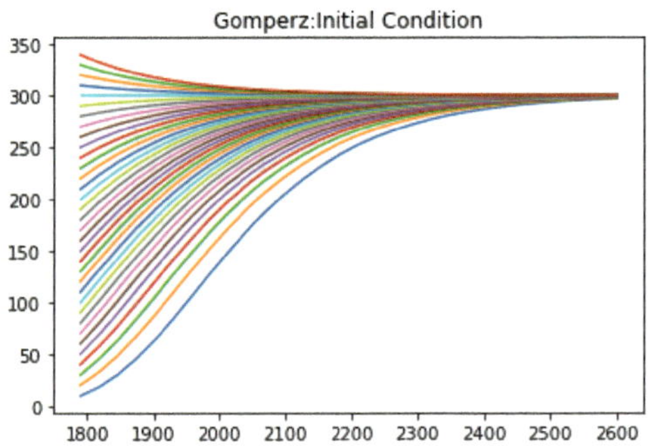

(b)

그림 4.4 초깃값에 따른 (a) Verhulst 방정식의 인구와 (b) Gomperz 방정식의 인구

그림 4.4에서 보는 바와 같이 Verhulst 방정식의 근삿값이 Gomperz 방정식의 해보다 초기에 빨리 수렴함을 알 수 있었다. 그리고, 초기 인구가 최대수용인구 3억보다 많은 경우에도 인구가 점점 줄어들면서 최대수용인구로 수렴함을 알 수 있었다. 즉, 4.2절의 경우에서 보는 바와 같이 Malthus 방정식은 불안정하고, Verhulst 방정식과 Gomperz 방정식은 최대수용인구로 수렴하는 안정한 초깃값 문제임을 알 수 있다.

예제 4.5 (Python code 4.6, 그림 4.5)

마지막으로, Verhulst 방정식의 근삿값을 참해와 비교함으로써 Euler, 개선된 Euler, Runge-Kutta 해법의 정확성을 파이썬 코드 4.6에서 비교하고 그림 4.5에 그려보았다.

Python Code 4.6

```
## Python code 4.6 written by Kiwoon Kwon
def ttrue(t):
    return 300/(1+296.1/3.9*np.exp(-0.0318*(t-1790)))
y0 = 3.9; t0=1790; tf=2022; N=30

yE,dummy = Euler(Verhulst,t0,tf,y0,N)
yI,dummy = IEuler(Verhulst,t0,tf,y0,N)
yR,t = RK(Verhulst,t0,tf,y0,N)
yT = ttrue(t)

## 세 해법과 참해 비교
plt.plot(t,yT,'r-v',t,yE,'b-^',t,yI,'g-o',t,yR,'k-p')
plt.legend(['True','Euler','IEuler','RK'])
plt.show()

## 세 해법의 오차 비교
plt.plot(t,yT-yE,'b-^',t,yT-yI,'g-o',t,yT-yR,'k-p')
plt.legend(['Euler','IEuler','RK'])
plt.show()

##  로그 스케일
plt.semilogy(t,yT-yE,'b-^',t,yT-yI,'g-o',t,yT-yR,'k-p')
plt.legend(['Euler','IEuler','RK'])
plt.show()
```

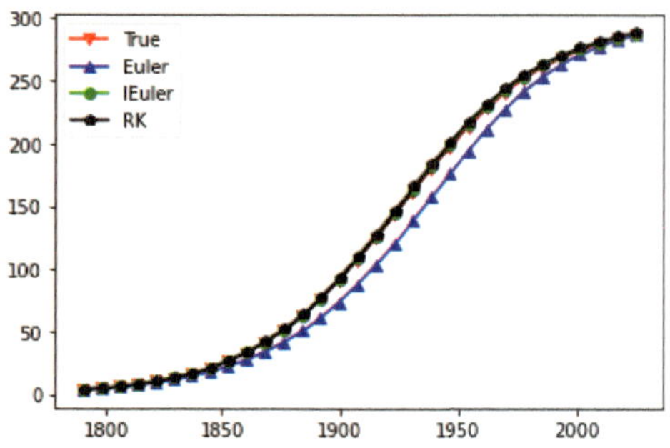

(a)

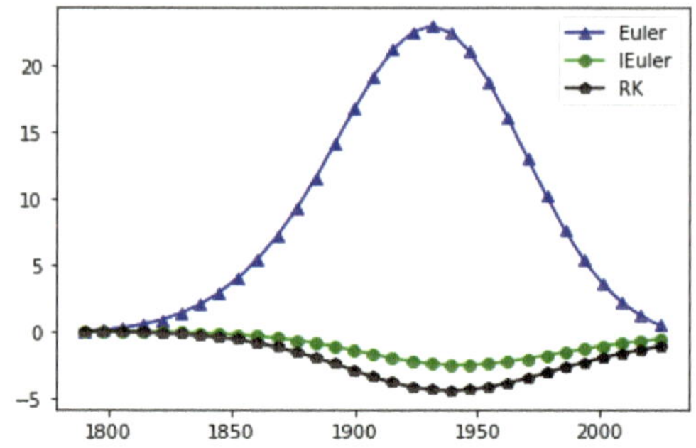

(b)

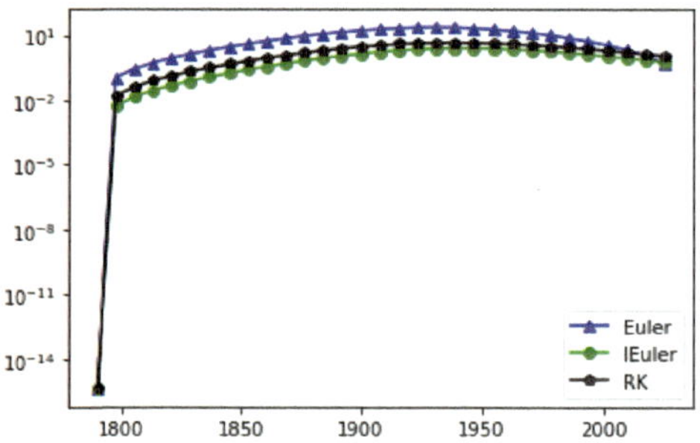

(c)

그림 4.5 Verhulst 방정식의 근삿값을 구하는 세 가지 수치해법(Euler, 개선된 Euler, Runge–Kutta 해법) 비교: (a) 세 해법과 참 해 (b) 세 해법의 오차 (c) 세 해법에 대한 오차의 로그 스케일

그림 4.5의 결과에서 보는 바와 같이 Runge-Kutta 해법과 개선된 Euler해법이 Euler 해법보다 Verhulst 방정식의 해를 더 잘 근사하였다. 일반적인 경우와는 다르게 개선된 Euler 해법이 Runge-Kutta 해법보다 이 방정식에서는 더 정확하게 나온 이유는 Verhulst 방정식이 아주 안정적(Stable)이어서 이렇게 나올 수도 있다. 하지만, 불안정적 방정식의 경우는 일반적으로 Runge-Kutta 해법이 개선된 Euler 해법보다 훨씬 더 잘 나온다.

연·습·문·제

[4.1] 다음 초깃값 문제의 해를 구하고 (힌트: Ricatti 방법을 이용하시오[8].)

$$\begin{cases} y'(t) = ty(t)^2 - y(t), \ 0 \le t \le 1 \\ y(0) \ = \dfrac{1}{2} \end{cases}$$

변수 t를 $t_i = \dfrac{i}{N}$, $i = 0,1,\cdots,N$ 와 같이 이산화하여 개선된 Euler 해법을 이용하여 $y(1)$의 값을 계산하는 데, N의 값을 2부터 시작하여 두 배씩 늘려가면서 다음과 같은 두 가지 방법으로 구하고자 한다.

(1) 위에서 구한 참 해와의 차이가 0.001보다 작을 때 멈춘다.

(2) 이전 N에서 구한 값과 두 배한 새로운 N과의 차이가 0.001 보다 작을 때 멈춘다.

아래 파이썬 코드를 이용하여 (a)-(e)를 적절히 채워서 위 두 가지 방법으로 $y(1)$을 구하는 아래 파이썬 코드를 완성하시오.

```
def IEuler(f,t0,tf,y0,N):
    t = np.linspace(t0,tf,N+1); h=(tf-t0)/N
    y = np.zeros(N+1); y[0] = y0
    for i in range(N):
        (a)
    return y,t

def f(t,y):
    return (b)

def trf(t):
    return (c)

t0=0; tf=1; y0=0.5
ttrue = np.linspace(t0,tf,100)
```

```
yT = trf(ttrue)

# Stop condition 1: When we know the true solution
yend = IEuler(f,t0,tf,y0,2)[0][-1]
N = 2

plt.figure()
while abs((d))>0.001:
    N = N*2;
    y,t = IEuler(f,t0,tf,y0,N); yend = y[-1]
    plt.plot(t,y-trf(t),'*-');
plt.show()

print('y(1) is ',yend,'when N=', N)

# Stop condition 2: When we don't know the true solution
yold = IEuler(f,t0,tf,y0,2)[0][-1]
ynew = IEuler(f,t0,tf,y0,4)[0][-1]
N = 4

plt.figure()
while abs((e))>0.001:
    N = N*2; yold = ynew
    y,t = IEuler(f,t0,tf,y0,N); ynew = y[-1]
    plt.plot(t,y,'-*')
plt.show()
print('y(1) is ',ynew,'when N=', N)
```

[4.2] 1계 미분 방정식(4.1)을 푸는 다음의 2단계해법

$y_{n+1} = y_n + h(af(t_n, y_n) + bf(t_n + \frac{h}{2}, y_n + dhf(t_n, y_n)))$; a, b, c, d는 실수

에 대하여, 전역 오차 $O(h^2)$인 해법들을 모두 구하라.

[4.3] 다음 1계 미분방정식 초깃값 문제

$$y'(t) = \cos(ty) + 3t;\ y(0) = 0$$

를 Euler, 개선된 Euler, Runge-Kutta 해법을 이용하여 풀고자 한다. $h = 2^{-n}$

에 대한 $y(1)$의 값을 y_n이라고 하자. $|y_n - y_{n-1}|\,(n \geq 2)$ 이 처음으로 0.001보다 작을 때, 각 해법을 마친다고 할 때, 각 해법에 대한 $y(1)$에 대한 근삿값과 반복수 n을 구하시오.

[4.4] 다음 1계 미분방정식 초깃값 문제

$$\begin{cases} y'(t) = y(t)(3-t),\ 3 < t < 6, \\ y(3) = 1 \end{cases}$$

의 해가 $y(t) = \exp\left(\dfrac{-(t-3)^2}{2}\right)$임을 유도하고, 이산화 된 구간의 크기 $h = 0.1$ 일 때 Euler, 개선된 Euler, Runge-Kutta 해법에 의한 근사해와 참해를 그려서 비교해 보시오.

[4.5] 다음 1계 미분방정식 초깃값 문제

$$\begin{cases} y'(t) = y(t)A(t), 0 < t < 6, \\ y(0) = e^{-4.5}, \end{cases}$$

$$A(t) = \begin{cases} t, & 0 < t < 3 \\ 3-t, & 3 < t < 6 \end{cases}$$

의 해가 구간 $0 < t < 6$에서 연속일 때 해를 구하고, 이산화된 구간 크기 $h = 0.1$일 때 Runge-Kutta 해법으로 근사해를 구하여 참 해와 비교하는 파이썬 코드를 작성하시오.

제5장

Python & Numerical Analysis

1계 미분방정식 시스템

$t_0 < t \le t_f$일 때, 일반적인 1계 n차 **미분방정식 시스템**은 아래와 같다.

$$
\begin{aligned}
&{y_1}'(t) = f_1(t, y_1, y_2, \cdots, y_n)\,;\, y_1(t_0) = a_1\,, \\
&{y_2}'(t) = f_2(t, y_1, y_2, \cdots, y_n)\,;\, y_2(t_0) = a_2\,, \\
&\cdots \\
&{y_{n-1}}'(t) = f_{n-1}(t, y_1, y_2, \cdots, y_n)\,;\, y_{n-1}(t_0) = a_{n-1}\,, \\
&{y_n}'(t) = f_n(t, y_1, \cdots, y_n), \,;\, y_n(t_0) = a_n.
\end{aligned}
\qquad \cdots\cdots\cdots\cdots (5.1)
$$

여기서, 함수 $f_1, f_2, \cdots, f_n$ 이 시간 t 에 의존하지 않는

$$
\begin{aligned}
&{y_1}'(t) = f_1(y_1, y_2, \cdots, y_n)\,;\, y_1(t_0) = a_1\,, \\
&{y_2}'(t) = f_2(y_1, y_2, \cdots, y_n)\,;\, y_2(t_0) = a_2\,, \\
&\cdots \\
&{y_{n-1}}'(t) = f_{n-1}(y_1, y_2, \cdots, y_n)\,;\, y_{n-1}(t_0) = a_{n-1}\,, \\
&{y_n}'(t) = f_n(y_1, \cdots, y_n), \,;\, y_n(t_0) = a_n.
\end{aligned}
$$

인 경우를 **자가시스템(Autonomous system)** 이라고 한다.

5.1 고계 미분방정식과 1계 미분방정식 시스템

고계 미분방정식 초깃값 문제

$$
\begin{aligned}
&y^{(n)}(t) = f(t, y(t), y'(t), y''(t), \cdots, y^{(n-1)}(t)),\ t_0 \le t \le t_f; \\
&y(t_0) = a_1,\ y'(t_0) = a_2,\ y''(t_0) = a_3,\ \cdots,\ y^{(n-1)}(t_0) = a_n\,.
\end{aligned}
$$

는 y의 고계 미분 $y^{(k)}$를 다른 독립변수 y_k로 치환하면 $t_0 < t \le t_f$일 때, 다음과 같은 1계 미분방정식 시스템으로 바뀐다:

$$y_1{}'(t) = y_2(t)\ ;\ y_1(t_0) = a_1,$$

$$y_2{}'(t) = y_3(t)\ ;\ y_2(t_0) = a_2,$$

$$\cdots$$

$$y_{n-1}{}'(t) = y_n(t)\ ;\ y_{n-1}(t_0) = a_{n-1},$$

$$y_n{}'(t) = f(t, y_0(t), y_1(t), \cdots, y_{n-1}(t))\ ;\ y_n(t_0) = a_n.$$

문제 5.1 다음 고계 미분방정식 초깃값 문제

$$y'''(t) = e^t y''(t) + (y'(t))^2 + 3t + 5,\ t_0 \le t \le t_f;\ y(t_0) = a_1,\ y'(t_0) = a_2,\ y''(t_0) = a_3.$$

를 1계 미분방정식 시스템 초깃값 문제로 바꾸시오.

풀이 y에 대한 미분함수들을

$y_1 = y, y_2 = y', y_3 = y''$

와 같이 바꾸면 $t_0 < t \le t_f$일 때,

$$y_1{}'(t) = y_2(t);\ y_1(t_0) = a_1,$$

$$y_2{}'(t) = y_3(t);\ y_2(t_0) = a_2,$$

$$y_3{}'(t) = e^t y_2(t) + y_1(t)^2 + 3t + 5;\ y_3(t_0) = a_3$$

이다.

1계 2차 미분방정식의 시스템은 수치해법은 1계 미분방정식 수치해법을 연립한 알고리즘으로 구성 된다. 다음 Python code 5.1에서는 Euler 해법과 Runge-Kutta 해법에 대한 2차 (x 변수와 y 변수에 대한) 연립 알고리즘을 구현하였다.

Python Code 5.1

```
# Python code 5.1 written by Kiwoon Kwon
import numpy as np

# 1계 2차 시스템
```

```
# x' = f(t,x,y), t\in (t0,tf)
# y' = g(t,x,y),
# x(t0)=x0, y(t0)=y0
#### Euler2 와 RK2
def Euler2(f,g,t0,tf,x0,y0,N):
    t = np.linspace(t0,tf,N+1); h=(tf-t0)/N
    x = np.zeros(N+1); y = np.zeros(N+1)
    x[0] = x0; y[0] = y0
    for i in range(N):
        x[i+1] = x[i] + h*f(t[i],x[i],y[i])
        y[i+1] = y[i] + h*g(t[i],x[i],y[i])
    return x,y,t

def RK2(f,g,t0,tf,x0,y0,N):
    t = np.linspace(t0,tf,N+1); h=(tf-t0)/N
    x = np.zeros(N+1); y = np.zeros(N+1)
    x[0] = x0; y[0] = y0
    for i in range(N):
        x1 = f(t[i],x[i],y[i])
        y1 = g(t[i],x[i],y[i])
        x2 = f(t[i]+h/2, x[i]+h/2*x1, y[i]+h/2*y1)
        y2 = g(t[i]+h/2, x[i]+h/2*x1, y[i]+h/2*y1)
        x3 = f(t[i]+h/2, x[i]+h/2*x2, y[i]+h/2*y2)
        y3 = g(t[i]+h/2, x[i]+h/2*x2, y[i]+h/2*y2)
        x4 = f(t[i]+h, x[i]+h*x3, y[i]+h*y3)
        y4 = g(t[i]+h, x[i]+h*x3, y[i]+h*y3)
        x[i+1] = x[i] + h/6*( x1 + 2*x2 + 2*x3 + x4)
        y[i+1] = y[i] + h/6*( y1 + 2*y2 + 2*y3 + y4)
    return x,y,t
```

2차원 연립 알고리즘 Python code 5.1의 Euler해법과 Runge-Kutta 해법에 대한 비교는 5.4절로 미루고, 1차원에서의 경우와 마찬가지로 Runge-Kutta 해법이 Euler 해법보다 더 정확하다는 사실을 염두에 두고 5.3절에서 5.7절까지 주로 Runge-Kutta 해법을 통해 1계 2차 시스템을 다루기로 하자.

5.2 1계 2차 자가시스템의 평형점 거동 분석

1계 2차 자가시스템은

$$x'(t) = f(x,y),\ x(t_0) = x_0,$$
$$y'(t) = g(x,y),\ y(t_0) = y_0. \qquad \text{(5.2)}$$

이다. $X(t) = \begin{pmatrix} x(t) \\ y(t) \end{pmatrix}$, $X_0 = \begin{pmatrix} x_0 \\ y_0 \end{pmatrix}$라고 하고 점 (x_0, y_0) 주위에서 선형 다항식으로 근사하면

$$X'(t) = AX(t),\ A = \begin{pmatrix} f_x(X_0) & f_y(X_0) \\ g_x(X_0) & g_y(X_0) \end{pmatrix},$$

와 같은 선형 방정식 문제가 된다. 이 식에 대해 다음과 같이 몇 가지 용어들을 정의해 보자:

$$\begin{aligned} tr(A) &= f_x(X_0) + g_y(X_0), \\ \det(A) &= f_x(X_0)g_y(X_0) - f_y(X_0)g_x(X_0), \\ D &= \left(\frac{tr(A)}{2}\right)^2 - \det(A), \\ A_0 &= AX_0 - \frac{tr(A)}{2}X_0. \end{aligned}$$

장리 5.1 1계 2차 선형 자가시스템 문제

$$X'(t) = AX(t);\ X(t_0) = X_0$$

는 D의 부호에 따라 다음과 같은 유일한 해를 갖는다.

1) $D > 0$이면, $X(t) = \frac{1}{2}e^{\frac{tr(A)}{2}t}\left[e^{t\sqrt{D}}\left(X_0 + \frac{A_0}{\sqrt{D}}\right) + e^{-t\sqrt{D}}\left(X_0 - \frac{A_0}{\sqrt{D}}\right)\right]$,

2) $D = 0$이면, $X(t) = e^{\frac{tr(A)}{2}t}(X_0 + tA_0)$,

3) $D < 0$이면, $X(t) = e^{\frac{tr(A)}{2}t}\left[\cos(t\sqrt{|D|})X_0 + \sin(t\sqrt{|D|})\frac{A_0}{\sqrt{|D|}}\right]$.

이 정리의 증명은 행렬 A의 고윳값 λ가 이차 방정식

$$\lambda^2 - tr(A)\lambda + \det(A) = 0$$

을 만족하고, 이 방정식의 판별식이 $4D$라는 사실을 이용하면 증명할 수 있다. 그리고, 두 근을 λ_1, λ_2 라고 할 때, 근과 계수의 관계에 의해서

$$tr(A) = \lambda_1 + \lambda_2, \quad \det(A) = \lambda_1 \lambda_2$$

이 성립한다는 사실도 알 수 있다.

자가 시스템 (5.2)의 해는 초깃값에는 의존하지만 시간에는 의존하지 않으므로, 초깃값에 따른 해의 거동을 (x,y) 위상 공간에 그릴 수 있다. 여기서, $AX=0$인 점, 즉, $f(x,y) = g(x,y) = 0$ 인 점 X를 **평형점**이라 부르는 데, 이 평형점이 초깃값인 해 곡선은 아무리 시간이 가도 그 평형점에 멈춰있다. 이 평형점 근방에 다른 평형점이 없을 때, 즉 다른 평형점과의 거리의 최솟값이 양수일 때 이 평형점을 **고립 평형점**이라고 한다. 이 장에서는 고립 평형점 근처에서 해 곡선의 거동만을 분석할 것이다. 보다 자세한 분석은 [1, 9, 10]을 참고하라.

자가시스템에서 함수 f, g가 (x,y) 위상 공간에서 $C^1(R^2)$일 때, 즉 한 번 미분한 함수들이 연속일 때를 고려해보자. 고립 평형점 근처에서 각 경우에 따라 다음과 같은 해의 거동 형태를 볼 수 있다.

$\det(A) < 0$: $\lambda_1 > 0 > \lambda_2$: 안장점

$tr(A) > 0, \det(A) > 0, D > 0$: $\lambda_1 > \lambda_2 > 0$: 불안정 노드

$tr(A) < 0, \det(A) > 0, D > 0$: $\lambda_2 < \lambda_1 < 0$: 안정 노드

$tr(A) > 0, D < 0$: 불안정 나선

$tr(A) < 0, D < 0$: 안정 나선

$$tr(A)=0, \det(A)>0 : (\text{불안정})\text{소용돌이}$$

그리고, 각 영역의 경계 부분에서는 경우에 따라 한 쪽 형태를 띤다.

이 고립 평형점은 주위에서의 해 곡선의 형태에 따라 안정 평형점 혹은 불안정 평형점이라고 부르는 데, 모든 방향에서 해 곡선이 이 평형점으로 접근해 들어오는 경우를 안정 평형점이라 부르고, 그렇지 않은 경우는 불안정 평형점이라 부른다. 즉, 안정 평형점 주위에서는 어떤 초깃값이 주어지더라도 해 곡선은 평형점을 향해 오므로 잡음에 대해서 둔감해서, 대부분의 수치해법은 안정적인 결과를 가져다 준다. 불안정 평형점 주위에서는 작은 잡음에 대해서도 시간이 흐름에 따라 해 곡선의 차이가 점점 벌어질 가능성이 있으므로 어떤 수치해법에 대해서도 안정적인 결과를 기대할 수 없게 된다.

위에 나온 해의 형태를 하나하나 알아보고, 그 안정성에 대해서 생각해 보자.

안장점은 한 쪽 방향으로는 해 곡선 (적분 곡선이라고도 불린다.) 이 평형점 방향으로 움직이고, 다른 쪽 방향은 해 곡선이 평형점에서 외부로 향한다. 이는 두 고윳값의 부호의 차이에서 비롯되었는 데, 음의 고윳값에 해당하는 고유벡터 방향으로는 해가 평형점으로 모이고, 양의 고윳값에 해당하는 고유벡터 방향에 대해서는 해 곡선이 외부로 향한다.

노드(Node)는 두 고윳값이 모두 양이거나 모두 음인 경우로, 모두 양이면 해 곡선이 모든 방향에서 평형점에서 바깥 방향으로 향하는 불안정 노드가 되고, 두 고윳값이 모두 음이면 해 곡선이 모든 방향에서 평형점으로 향하는 안정 노드가 된다.

고윳값이 복소수인 경우에는 해 곡선이 **나선(Spiral)** 모양을 나타낸다. 정리 3.1에 의해, $tr(A)$가 해 곡선이 밖으로 향하는 지 안쪽으로 향하는 지를 결정하게 된다. $tr(A)$가 음이면 해 곡선이 안으로 향하는 안정 나선 형태가 되고, 양이면 해 곡선이 바깥으로 향하는 불안정 나선 형태가 된다. 만약 $tr(A)$가 0이면 해는 안쪽으로도 바깥쪽으로 들어가거나 나가지 않는 원 혹은 타원의 형태를 띠는 데, 이를 **회오리** 모양이라고 부른다. 회오리 해 곡선 모양은 불안정 해 곡선에 속한다.

다음 절에서는 1계 2차 미분 방정식 시스템 수치해법에 대해 알아볼 것이고, 5.3절부터 5.6절까지는 1계 2차 자가 시스템의 잘 알려진 예들인 경쟁 모델, 포식자-피식자 모델, 감염병 모델, 흡입 영역의 배척점 정리에 적용해 보자. 이 때 평형점 근처에서의 거동을 정리 5.1을 통하여 알아보고, 주로 Runge-Kutta 수치해법을 통해서 확인해 볼 것이다.

5.3 경쟁 모델

이 절에서는 Runge-Kutta 수치해법을 이용하여 자가시스템인 다음 **경쟁 모델**의 평형점에서의 거동을 조사해 보기로 하자.

$$\begin{aligned} x' &= x(1-x) - rxy, \ x(t_0) = x_0, \\ y' &= y(1-y) - rxy, \ y(t_0) = y_0. \end{aligned} \quad \cdots\cdots\cdots\cdots (5.3)$$

여기서, x,y 는 두 경쟁 집단의 인구 수를 의미하는데, 두 집단이 만나지않으면 최대수용인구 1인 Verhulst모델을 따르고, 만난다면 rxy만큼의 인구 증가 감소율이 생긴다. 도토리를 공통 먹이로 하는 다람쥐와 청솔모가 이 경쟁 모델의 예가 될 수 있다.

예제 5.1 (Python code 5.2, 그림 5.1)

이 모델에서 매개변수 r이 1보다 크냐 작냐에 따라 거동이 다르게 나타난다. 여기서는 $r=3$ 일 때와 $r=\frac{1}{3}$ 일 때 평형점 $(0,0)$, $(1,0)$, $(0,1)$,$\left(\frac{1}{r+1}, \frac{1}{r+1}\right)$에서의 거동을 Python code 5.3를 통해 조사해 보기로 하자.

Python Code 5.2

```
# Python code 5.2 written by Kiwoon Kwon
import numpy as np
import matplotlib.pyplot as plt

def f2(t,x,y):
    return x - x**2 - 3*x*y
def g2(t,x,y):
    return y - y**2 - 3*x*y
def phase(a,b,Nth):
    plt.plot(a,b,'r*');
    th = np.linspace(0,2*np.pi,Nth)
    for j in range(len(th)-1):
        x0 = a+0.1*np.cos(th[j]); y0 = b+0.1*np.sin(th[j])
        x,y,t = RK2(f2,g2,t0,tf,x0,y0,N)
        plt.plot(x,y)

t0=1; N=100

plt.figure
tf = 10
phase(1/4,1/4,50)
phase(1,0,50)
phase(0,1,50)
tf = 0.5
phase(0,0,50)
plt.show()

def f12(t,x,y):
    return x - x**2 - 1/3*x*y
def g12(t,x,y):
    return y - y**2 - 1/3*x*y
def phase12(a,b,Nth):
    plt.plot(a,b,'r*');
    th = np.linspace(0,2*np.pi,Nth)
    for j in range(len(th)-1):
        x0 = a+0.1*np.cos(th[j]); y0 = b+0.1*np.sin(th[j])
        x,y,t = RK2(f12,g12,t0,tf,x0,y0,N)
        plt.plot(x,y)

plt.figure
t0=0; tf = 2
phase12(3/4,3/4,50)
phase12(1,0,50)
phase12(0,1,50)
tf = 0.5
phase12(0,0,50)
plt.show()
```

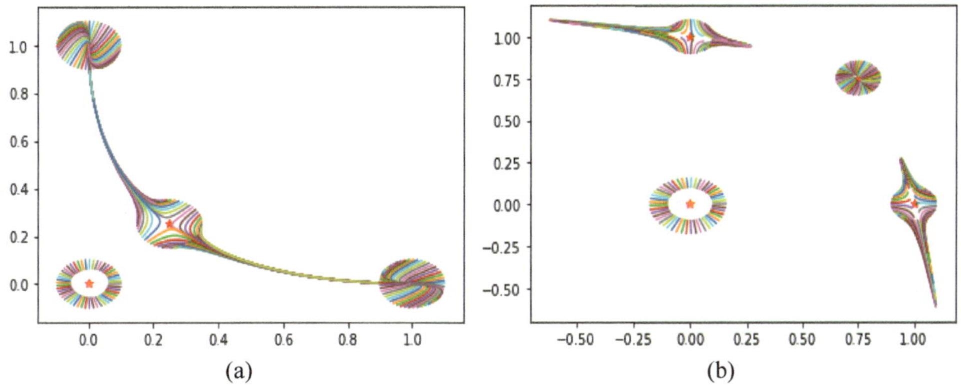

그림 5.1 경쟁 모델의 평형점에서의 거동:(a)$r=3$ 일 때와 (b)$r=\dfrac{1}{3}$ 일 때

위의 경쟁모델에서 $r=3$ 일 때와 $r=\dfrac{1}{3}$ 일 때의 평형점에서의 거동은 그림 5.1의 (a)와 (b)에 각각 나타나 있다. 평형점 $(0,0)$은 주변에서 모든 방향에서 바깥으로 나가는 배척점의 형태를 띠고 있고, $r=3$ 일 때 평형점 $\left(\dfrac{1}{4},\dfrac{1}{4}\right)$과 $r=\dfrac{1}{3}$일 때 평형점들 $(1,0),(0,1)$ 에서는 한 쪽 방향으로는 안으로 들어가고 다른 쪽 방향으로는 밖으로 나가는 안장점 형태를 띠고 있다. 그리고, $r=3$ 일 때 평형점들 $(1,0),(0,1)$과 $r=\dfrac{1}{3}$일 때 평형점 $\left(\dfrac{3}{4},\dfrac{3}{4}\right)$에서는 두 방향 모두 안쪽으로 향하는 안정 노드 (Stable node)형태를 띠고 있다.

이 평형점에서의 거동들을 정리 5.1을 통해서 점검해 보자. 우선 자가시스템 (5.1)의 평형점을 계산해 보면

$$(0,0),\ (1,0),\ (0,1),\ \left(\frac{1}{r+1},\frac{1}{r+1}\right)$$

이 됨을 알 수 있다. 평형점을 (x_0,y_0)라 할 때, 평형점 근처에서 자가시스템을 선형화한 행렬을 구하면

$$\begin{pmatrix} 1-2x_0-ry_0 & -rx_0 \\ -ry_0 & 1-2y_0-rx_0 \end{pmatrix}$$

이다. 각 평형점에 대해 이 행렬을 통해 근처에서의 거동을 알아보자.

평형점 $(0,0)$에서 선형화된 행렬은 $\begin{pmatrix} 1 & 0 \\ 0 & 1 \end{pmatrix}$ 이므로, 여기서는 모든 방향으로 해 곡선으로 평형점에서 멀어지는 불안정 노드의 형태를 띤다.

평형점 $(1,0)$ 근처에서 이 자가시스템은 행렬 $A=\begin{pmatrix} -1 & -r \\ 0 & 1-r \end{pmatrix}$ 와 같이 움직인다. 이 행렬의 자취(Trace)와 행렬식(Determinant), 고유 방정식의 판별식을 계산해 보면

$$tr(A)=-r,\ \ \det(A)=r-1,\ D=\left(\frac{r-2}{2}\right)^2$$

이다. 만약 $r<1$이면 불안정 안장 형태이고, $1<r<2, r>2$ 이면 안정 노드의 형태이다. $r=2$인 경우는 r근처에서의 값과 같이 안정된 노드의 형태를 취한다. 평형점 $(0,1)$ 근처에서의 거동은 평형점 $(1,0)$의 거동에 대해 직선 $y=x$ 에 대해 대칭인 것만 제외하면 r에 따라 동일하게 움직인다고 할 수 있다.

마지막으로 평형점 $\left(\frac{1}{r+1}, \frac{1}{r+1}\right)$ 근처에서 선형화된 행렬 $A=\frac{1}{r+1}\begin{pmatrix} -1 & -r \\ -r & -1 \end{pmatrix}$ 이고,

$$tr(A)=\frac{-2}{1+r}<0,\ \det(A)=\frac{1-r}{1+r},\ D=\frac{2r}{(1+r)^2}>0$$

이다. 만약 $r<1$ 이면, 안정 노드의 형태이고, $r>1$ 이면 불안정 안장점 형태를 띠고 있다.

이 모든 결과를 그림 5.1를 통해 확인해 볼 수 있다.

5.4 포식자–피식자 모델

앞 절의 경쟁자 모델과 달리 이 **포식자–피식자 모델(Predator–Prey model)**, 맹수와 먹잇감 모델 혹은 개발한 사람의 이름을 따서 지은 **Lotka–Volterra 모델**에서는, 주어진 공간에 있는 무한한 먹이를 먹는 피식자와 그 피식자를 먹는 포식자만으로 구성된 모델이다. 피식자는 포식자가 없다면 Malthus 이론을 따라 기하급수적으로 증가할 것이고, 반면 포식자는 피식자가 없다면 Malthus 이론에 의해 기하급수적으로 감소할 것이다. 피식자 개체 수를 y, 포식자 개체 수를 x라 하고, 각각 상대 개체가 없을 때 개체 수의 변화는 적절한 양수 a,c에 대해 아래와 같이 나타낼 수 있다.

$$\begin{aligned} x' &= -ax;\ x(t_0) = x_0, \\ y' &= cy; \quad\ y(t_0) = y_0 . \end{aligned}$$

두 개체의 만남은 한정된 공간에서 자유롭게 움직인다는 가정 하에 두 개체수의 곱에 비례할 것이고, 피식자에게는 개체 수 감소, 포식자에게는 개체 수 증가를 가져올 것이다. 이를 미분방정식에 반영하면 적절한 양수 b,d에 대해

$$\begin{aligned} x' &= -ax + bxy;\ x(t_0) = x_0, \\ y' &= cy - dxy; \quad\ y(t_0) = y_0 . \end{aligned} \qquad \cdots\cdots (5.4)$$

와 같이 나타낼 수 있고, 이것을 포식자-피식자 모델이라고 부른다.

시스템 (5.4)의 평형점 (x_0, y_0)는 $(0,0)$과 $\left(\dfrac{c}{d}, \dfrac{a}{b}\right)$ 이고, 평형점 근처에서의 근사행렬 $A = \begin{pmatrix} -a+by_0 & bx_0 \\ -dy_0 & c-dx_0 \end{pmatrix}$ 이다.

평형점 $(0,0)$에서 $A = \begin{pmatrix} -a & 0 \\ 0 & c \end{pmatrix}$ 이고 $\det(A) = -ac < 0$ 이므로, 안장점 형태를 띠고 있다.

평형점 $\left(\frac{c}{d}, \frac{a}{b}\right)$에서 $A = \begin{pmatrix} 0 & \frac{bc}{d} \\ \frac{-ad}{b} & 0 \end{pmatrix}$이므로

$$tr(A) = 0,\ \det(A) = ac > 0, D = -ac < 0$$

이므로 평형점 근처에서 불안정한 회오리 모양을 띠고 있다. 이것은 그림 5.2의 제일 아래 그림을 통해서도 확인할 수 있다.

예제 5.2 (Python code 5.3,그림 5.2)

Python code 5.3에서는 포식자-피식자 모델을 Euler 해법과 Runge-Kutta 해법으로 구할 때의 해 곡선을 비교해 보았다. 관련 매개변수들은 $a = b = c = d = 1, t_0 = 0, t_f = 100$로 가정하였다.

그림 5.2에서 보는 바와 같이 Euler 해법과 Runge-Kutta 해법의 결과는 차이가 있었고, Euler 해법의 결과에 의하면 두 개체 중 하나가 소멸할 가능성이 많고, 그렇게 되면 나머지 개체도 소멸하게 되는 결과를 가져올 것이다. 하지만, 이 포식자-피식자 모델은 (x, y) 위상 공간에서 평형점 $\left(\frac{c}{d}, \frac{a}{b}\right)$ 근처에서 회오리 모양을 이룸을 보였다. 보다 일반적으로 위상공간 제 1사분면의 모든 해 곡선이 이 회오리 모양임을 보일 수 있다[1]. 따라서, 그림 5.2의 세 번째 그림을 보면 초깃값 $(2, 2)$에서 시작하여 점점 더 바깥으로 나아가는 Euler 해법의 결과보다 미세하게 움직이긴 하지만 순환하는 고리형태을 이루는 Runge-Kutta 해법의 결과가 알려진 결과에 더 근접함을 알 수 있다. 따라서, 앞 장의 1차원 결과에서와 마찬가지로 2차원에서도 Runge-Kutta 해법의 결과가 Euler 해법의 결과보다 정확함을 알 수 있었다. 따라서 이 책에서는 2차원 및 고차원 미분방정식 시스템에 대한 수치해법으로 Runge-Kutta 해법만을 이용할 것이다.

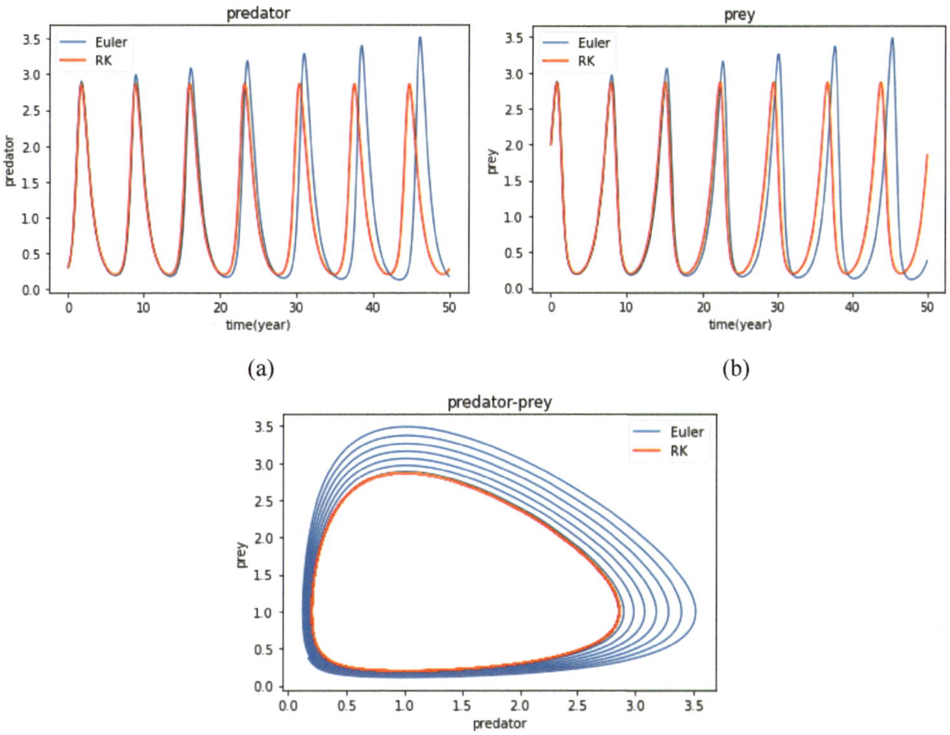

(a) (b)

(c)

그림 5.2 포식자-피식자 모델에 대한 Euler 해법과 Runge-Kutta 해법 결과:
(a) 시간-포식자 (b) 시간-피식자 (c) 포식자-피식자 변수들에 대한 그래프 비교

Python Code 5.3

```
# Python code 5.3 written by Kiwoon Kwon
# Shark and Sea turtle (From 2000, Unit 100)
import numpy as np
import matplotlib.pyplot as plt

def predator(t,x,y):
    return -x + x*y
def prey(t,x,y):
    return y - x*y
t0=0; tf=50; x0=0.3; y0=2; N=5000

xE,yE,t = Euler2(predator,prey,t0,tf,x0,y0,N)
```

```
xR,yR,dummy = RK2(predator,prey,t0,tf,x0,y0,N)

plt.figure
plt.subplot(1,3,1); plt.plot(t,xE); plt.plot(t,xR,'r'); plt.title('predator')
plt.subplot(1,3,2); plt.plot(t,yE); plt.plot(t,yR,'r'); plt.title('prey')
plt.subplot(1,3,3); plt.plot(xE,yE); plt.plot(xR,yR,'r');
plt.title('predator-prey')
plt.legend(['Euler','RK'])
plt.show()
```

예제 5.3 (Python code 5.4, 그림 5.3)

Runge-Kutta 해법을 이용하여 포식자-피식자 모델의 개체 수 변화가 초깃값에 따라 어떻게 변하는지 Python code 5.4를 통해 확인해 보자. 알아보기 쉽게 구체적으로 포식자는 'Shark' 피식자는 'Sea turtle'로 표시하였다.

Python Code 5.4

```
# Python code 5.4 written by Kiwoon Kwon
# Dependence on initial condition
import numpy as np
import matplotlib.pyplot as plt
plt.figure()
for j in range(1,19):
    x0 = j/20
    xR,yR,t=RK2(predator,prey,t0,tf,x0,x0,5000)
    plt.plot(xR,yR); plt.plot(x0,x0,'r*')
plt.title('Phase Diagrarm'); plt.xlabel('Shark'); plt.ylabel('Sea Turtle')
plt.show()
```

포식자-피식자 모델의 평형점은 $\left(\frac{c}{d}, \frac{a}{b}\right)$이고, 포식자와 피식자 두 개체 수 위상공간 (x,y)에서 개체 수의 해 모양은 평형점 주위에서 회오리 모양의 순환고리를 이룸을 앞선 평형적 분석에서 증명하였다. 그림 5.3에서 붉은 별 모양은 각각 초깃값 (x_0, y_0)로 표시하였는 데, 이것은 원점에서 평형점 $(1,1)$ 사이의 점들이다. 선택하였다. 결과에서 보는 바와 같이 두 개체수의 위상공간에서 해의 거동은 평형점을 둘러 싼 순환고리를 이룸을 알 수 있다.

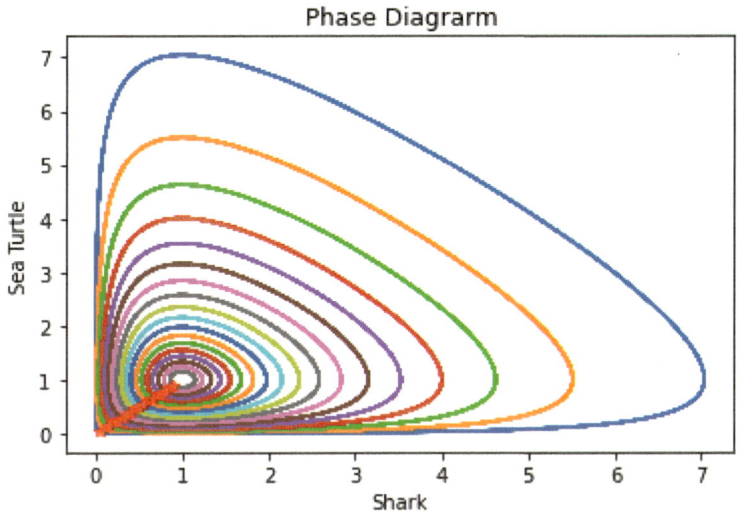

그림 5.3 포식자–피식자(상어–바다거북) 모델의 초깃값에 대한 의존성

예제 5.4 (Python code 5.5, 그림 5.4)

다음으로, 상어, 바다거북과 무한한 바다거북의 먹이로 이루어진 이 폐쇄된 공간에 바다 낚시를 하는 인간이 있다고 가정해 보자. 상어와 바다거북이 낚시에 걸리는 비율은 두 개체와 상관없이 f, $0 < f < 1$ 라고 가정하자. 이를 포식자-피식자 모델에 반영하여 수정한 모델을 **낚시 모델**이라 하고

$$
\begin{aligned}
x' &= -(a+f)x + bxy; \; x(t_0) = x_0, \\
y' &= (c-f)y - dxy; \quad y(t_0) = y_0.
\end{aligned}
$$

와 같이 기술할 수 있다. 만약 f가 c보다 크다면 피식자 개체 수 y는 0으로 수렴하여 피식자가 소멸하므로 낚시 모델에서 추가로 $0 < f < \min(c,1)$ 이라는 가정을 추가하기로 하자. 낚시모델은 Python code 5.5에서 구현하였다.

Python Code 5.5

```
# Python code 5.5 written by Kiwoon Kwon
## Fishing model
t0=0; tf = 100; N=1000
plt.figure()
for f in range(1,10):
    def predator(t,x,y):
        return -(1+0.1*f)*x + x*y
    def prey(t,x,y):
        return (1-0.1*f)*y - x*y
    xR,yR,t=RK2(predator,prey,t0,tf,0.5,0.5,N)
    plt.plot(xR,yR)
plt.plot(0.5,0.5,'r*')
plt.title('Phase Diagrarm'); plt.xlabel('Shark'); plt.ylabel('Sea Turtle')
plt.legend(['0.1','0.2','0.3','0.4','0.5','0.6','0.7','0.8','0.9','[0.5,0.5]'])
plt.axis([-0.1,3,0,5.5])
plt.show()

plt.figure()
for f in range(1,10):
    def predator(t,x,y):
        return -(1+0.1*f)*x + x*y
    def prey(t,x,y):
        return (1-0.1*f)*y - x*y
    xR,yR,t=RK2(predator,prey,t0,tf,1-0.1*f+0.05,1+0.1*f,N)
    plt.plot(xR,yR, label=str(f*10)+'%')
    plt.plot(1-0.1*f,1+0.1*f,'r*')
plt.title('Phase Diagrarm'); plt.xlabel('Shark'); plt.ylabel('Sea Turtle')
legend = plt.legend(loc='best')
plt.axis([0,1.2,1,2.1])
plt.show()
```

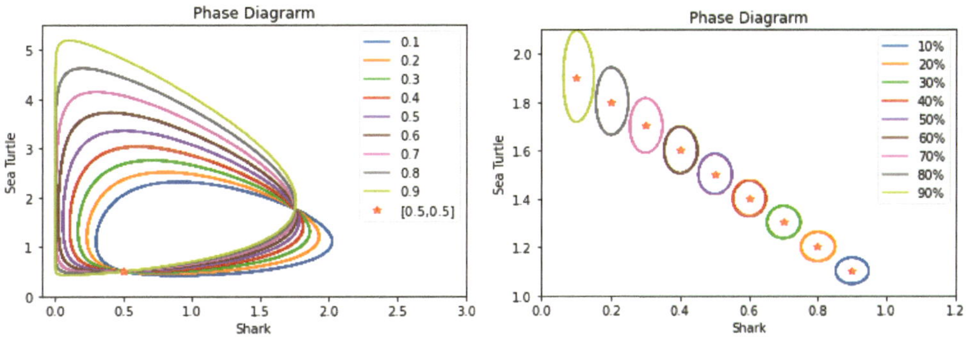

(a) (b)

그림 5.4 상어와 바다거북에 대한 낚시 모델 : $f=0.1, 0.2, \cdots, 0.9$ 이고 (a) 초깃값이 $(0.5, 0.5)$를 지날 때와 (b) 평형점 $(1-f, 1+f)$ 근처에서의 해 곡선들

그림 5.4에서는 개체 수에 대한 낚시 비율 $f=0.1, 0.2, \cdots, 0.9$에 따른 상어와 바다거북의 개체 수 변화를 위상공간에 나타내었다. 평형점은 $\left(\frac{c-f}{d}, \frac{a+f}{b}\right)$로 포식자-피식자 모델의 평형점 $\left(\frac{c}{d}, \frac{a}{b}\right)$에서 변화가 있으며, 순환고리의 형태는 많은 개체수를 가지는 바다거북의 개체수가 상어의 개체수보다 전반적으로 증가하는 모습을 볼 수 있다. a, b, c, d는 모두 1로 취하였다. (a)는 초깃값이 $(0.5, 0.5)$를 지날 때를 나타내었는 데, 이 점 말고 공통으로 지나는 점이 하나 더 $(1.75, 2)$ 근처에 나타남을 발견하였다. (b)는 평형점 $(1-f, 1+f)$ 근처에서 각 해 곡선의 거동을 나타내 보았다. f 가 커질수록 해 곡선이 상어보다는 바다거북 인구의 변화가 심해짐을 알 수 있었다. legend를 표시하는 두 가지 방법을 그림 5.4(a)와 그림 5.4(b)에서 다르게 프로그램하였으니 Python code 5.5을 유념해서 보고 상황에 적절하게 쓰는 것도 좋을 것이다.

5.5 감염병 확산 모델

2019년 12월 중국 후베이성 우한시에서 처음 확인된 SARS-CoV-2의 감염증인 코로나바이러스감염증-19가 세계적 대유행 전염병(pandemic)이 되었고, 일부 전문

가들에 의하면 완전 종식되지 않고 풍토병(Endemic)이 될 가능성도 있다고 한다. 이와 같이 전염병 혹은 감염병(Epidemic)과 관련해서 감염 가능 개체, 감염 개체, 회복 개체, 격리 개체 등의 개체 수에 대한 연구가 많이 이루어졌는데 그 중에 대표적인 것이 SIR 모델이다.

이번 코로나바이러스 감염증-19에 대해서 국내 수학계에서도 코로나19 수리모델링 태스크포스팀 등이 SIR 모델에 기반한 다양한 모델을 바탕으로 전염병 개체 수에 대한 수리모델링을 하였고, 그 결과가 질병관리청 및 방역당국 방역 정책에 대한 근거자료로 사용되기도 하였다.

SIR 모델에서는 인구 N 명이 살고 있는 한정된 공간에 전염병에 감염된 개체가 있을 때, 이 공간의 인구를 세 분류 즉, Susceptible(감염가능 집단), Infective(감염 집단), Removed(제거된 집단)로 나누고 이 세 집단 사이의 인구변화를 조사한다. 즉, 적절한 양수 a, r에 대해 다음의 1계 미분방정식 시스템을 가정한다.

$$\begin{aligned} S' &= -rIS, \\ I' &= rIS - aI, \\ R' &= aI, \\ S + I + R &= N \end{aligned} \quad \cdots\cdots (5.5)$$

이 모델은 $\mathrm{S, I, R}$ 세 집단 인구수에 대한 모델링이므로 3차원 1계 미분방정식 시스템 같이 보이나, 마지막 식에 의해 $R = N - I - S$로 치환하면 실제로 S와 I에 대한 2차원 1계 미분방정식 시스템이 된다. 여기에서 제거된 집단 R은 감염병으로 죽거나, 이 집단에서 격리되었거나, 감염병에서 회복되어 항체가 생긴 경우에 해당하는데, SIR 모델에서는 R 집단에서 S 집단으로 이동하는 경우는 없다. 하지만 시간이 흘러가면 항체가 소멸하게 되고, 이 항체 소멸 기간에 반비례하게 R에서 S집단으로 인구가 이동할 것이다. 이 효과를 모델링한 것이 **SIRS 모델**이고 그 구체적인 방정식은 적절한 양수 b에 대해 아래와 같다.

$$\begin{aligned} S' &= -rIS + bR, \\ I' &= rIS - aI, \\ R' &= aI - bR, \\ S + I + R &= N \end{aligned} \qquad \cdots\cdots (5.6)$$

매개변수에 대해 $\rho = \frac{a}{r}$, $R_0 = \frac{S(0)}{\rho}$를 각각 접촉율(Contact Rate)과 전염재생산율(Reproduction Rate)이라 부른다. SIR 모델에 의하면 감염가능집단의 초기 인구 $S(0)$가 접촉율 ρ보다 작으면 더 이상 감염인구의 증가가 일어나지 않아 감염비전파(Nonepidemic) 현상이 일어난다. 그리고, $S(0)$가 접촉율보다 크면 초기부터 어느 시점까지는 감염전파(Epidemic) 현상이 일어난다.

예제 5.5 (Python code 5.6, 그림 5.5, 그림 5.6)

763명이 살고 있는 영국 기숙학교에서 감기 환자 1명이 발생하고 나서 일주일간 S와 I 집단의 인구변화를 SIR 모델로 모델링해 보자. 파이썬으로 코딩한 것이 Python code 5.6에 나와 있고, 그 결과는 그림 5.5와 그림 5.6에 표시하였다.

Python Code 5.6

```
# Python code 5.6 written by Kiwoon Kwon
# Flu at boarding school
def dS(t,S,I):
    return -2.18e-3*S*I
def dI(t,S,I):
    return 2.18e-3*S*I -0.44036*I

t0=0; tf = 14; S0=762; I0=1; N=1000

S,I,t = RK2(dS,dI,t0,tf,S0,I0,N)
plt.figure
plt.plot(t,S,'b',t,I,'r'); plt.xlabel('days'); plt.ylabel('Number of people')
plt.legend(['Susceptibles','Infectives'])
plt.show()
```

```
# dependence on initial condition
plt.figure()
for j in range(76):
    I0 = 10*j; S0 = 763-I0;
    S,I,t = RK2(dS,dI,t0,tf,S0,I0,N)
    plt.plot(S,I)
plt.title('Phase Diagrarm')
plt.xlabel('Susceptibles'); plt.ylabel('Infectives')
plt.show()
```

양의 상수 a,r은 논문 [11]에서 주어진 것을 사용하였다. 그림 5.5를 보면 S 집단은 계속 감소하고, I 집단은 증가하다가 발생 후 7일을 지나면서 감소하는 것을 볼 수 있다. 이는 대체적으로 SIR모델에서 공통적으로 나타나는 현상이기도 하다. 또한, 초깃값이 직선 $I=N-S, N=763$ 위에 있을 때, S와 I 집단의 인구변화를 그림 5.6에 나타내었는데, S 집단은 전부 감소한다. 접촉율 ρ를 계산해보면 202이고, $S(0)$가 202보다 크면 즉, $I(0)$가 541보다 작으면 I 집단은 증가하다가 감소하고, I의 초깃값이 541 보다 크면 I집단은 감소만 하는 것을 알 수 있다. 이렇게 감소만 하는 경우, 즉 감염 비전파(Nonepidemic)의 경우에는 격리 등의 특별한 조치를 더 시행하지 않아도 되고, I의 값이 늘어나는 경우, 즉 감염 전파(Epidemic)인 경우에는 적절한 조치를 취해야 한다.

SIR 시스템 (5.5)의 평형점을 분석해 보자. $S+I+R=N$ 이므로 S 와 I 을 알면 R 을 구할 수 있다. 그런데, (S,I) 위상 공간에서의 평형점은 $I=0$으로 고립 평형점이 아니다. 따라서, 정리 5.1을 적용할 수 없다.

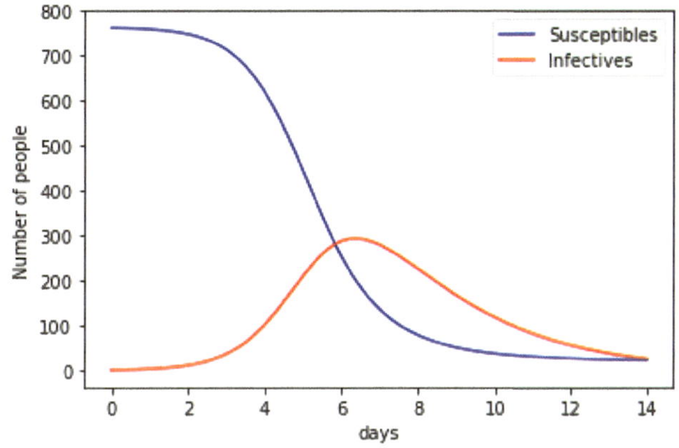

그림 5.5 영국 기숙학교 감기환자에 대한 SIR 모델

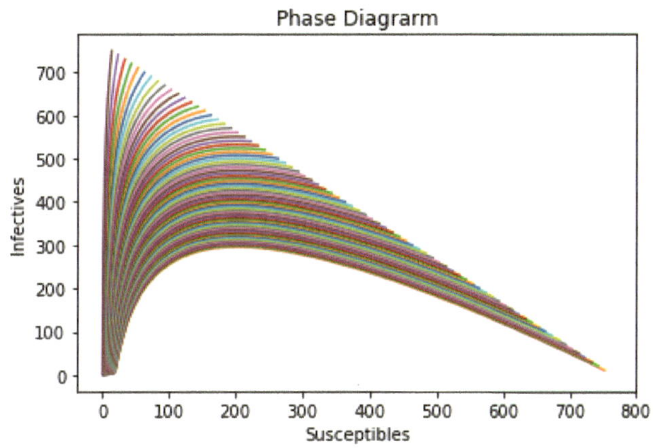

그림 5.6 SIR모델에서 초깃값에 따른 S, I 집단의 인구변화

다음으로 SIRS 시스템 (5.6)의 평형점을 분석해 보자. $S+I+R=N$ 을 대입하면

$$\begin{aligned} S' &= -rIS + b(N-I-S), \\ I' &= rIS - aI. \end{aligned}$$

이고, (S,I) 위상공간에서 평형점을 구해보면

$$(N,0),\ \left(\frac{a}{r},\ \frac{b}{a+b}\left(N-\frac{a}{r}\right)\right)$$

이다. 이 시스템의 자코비안 행렬은

$$A = \begin{pmatrix} -rI-b & -rS-b \\ rI & rS-a \end{pmatrix}.$$

평형점 $(N,0)$에서 이 행렬은 $\begin{pmatrix} -b & -rN-b \\ 0 & rN-a \end{pmatrix}$이고,

$$tr(A) = rN-a-b,\ \det(A) = -b(rN-a),\ \Delta = \left(\frac{rN-a+b}{2}\right)^2$$

이다. 만약 $N > \frac{a}{r}$ 이면 평형점은 안장점이 되고, $N < \frac{a}{r}$ 이면 평형점은 안정 노드가 된다.

한편, 평형점 $\left(\frac{a}{r}, \frac{b}{a+b}\left(N-\frac{a}{r}\right)\right)$에서의 자코비안 행렬은

$$A = \begin{pmatrix} \frac{-br}{a+b}\left(N+\frac{b}{r}\right) & -(a+b) \\ \frac{br}{a+b}\left(N-\frac{a}{r}\right) & 0 \end{pmatrix}$$

이 되고,

$$tr(A) = \frac{-br}{a+b}\left(N+\frac{b}{r}\right),\quad \det(A) = br\left(N-\frac{a}{r}\right),\quad \Delta = \frac{b^2r^2}{(a+b)^2}\left(N+\frac{b}{r}\right)^2 - br\left(N-\frac{a}{r}\right)$$

이다. 따라서, $N > \frac{a}{r}$ 이면 평형점 $\left(\frac{a}{r}, \frac{b}{a+b}\left(N-\frac{a}{r}\right)\right)$ 은 안정 노드나 안정 나선이고, $N < \frac{a}{r}$ 인 경우는 평형점이 관심 영역 $S>0, I>0, S+I<N$ 을 벗어나 있어서 고려하지 않아도 된다.

예제 5.6 (Python code 5.7, 그림 5.8)

이 평형점들 주위를 Python code 5.7에서 코딩하였고, 그 결과는 그림 5.8에서 볼 수 있다. 각 파라미터들은 $r=-0.0025$, $b=0.2$, $N=1000$, $t_0=0$, $t_f=20$으로 하였고, 평형점 $(N,0)$ 주변에서는 t_f를 적절히 작게 변형하였다. 이 파라미터들을 간단히 설명해보면 인구가 1000명인 주어진 조그만 마을에 어떤 전염병이 생겨서 I_0 명이 t_0년에 생겼을 때, 그로부터 $t_f=20$ 년 동안의 전염병에 대해 S, I, R 인구의 추이를 관찰하는 문제라고 할 수 있다. 매개변수 r에 대해서는 감염가능 집단 S가 감염집단 I와 $\frac{1}{r}=400$ 번 만나면 전염병이 걸린다는 의미로 생각할 수 있다. 매개변수 b에 대해서는 제거 집단 R이 전염병에 대한 면역체계를 가지고 나서 $\frac{1}{b}=5$ 년이 지나면 면역체계가 없어져서 다시 감염가능 집단 S로 돌아간다는 것을 의미한다. 마지막으로 매개변수 a는 감염집단 I가 $\frac{1}{a}=1$년 이나 $\frac{1}{3}$년 $=4$개월 이 지나면 전염병이 없어져서 제거집단 R이 됨을 뜻한다.

$N=1000, r=0.0025=\frac{1}{400}$이므로 $a=1$은 $N>\frac{a}{r}$인 경우가 되고, $a=3$은 $N<\frac{a}{r}$ 인 경우가 된다.

평형점 $(N,0)$에 대해서 먼저 알아보자. $a=1$인 경우 평형점 $(N,0)$은 그림 5.8(d)와 같이 안장점이 되고, $a=3$ 이면 평형점 $(N,0)$는 그림 5.8(c)와 같이 안정 노드 형태가 된다. 그림 5.8(c)에서 왼쪽 위쪽 초깃값에서 시작한 해곡선은 일시적으로 바깥으로 나가는 것 같이 보이나 곧 방향으로 돌이켜 다시 왼쪽 아랫방향에서 평형점 방향으로 들어가고 있어서 안정 노드의 형태를 띤다고 볼 수 있다.

다음으로 평형점 $\left(\frac{a}{r}, \frac{b}{a+b}\left(N-\frac{a}{r}\right)\right)$에 대해 알아보자. $a=1$인 경우 관심영역 안에 있는 평형점(400,100)은 안정 나선형태가 됨을 그림 5.8(b)을 보면 알 수 있다. $a=3$이고 $\frac{a}{r}>N$ 인 경우에 평형점 $\left(\frac{a}{r}, \frac{b}{a+b}\left(N-\frac{a}{r}\right)\right)$는 $S>N, I<0$영역,

즉 $(N,0)$의 오른쪽 아래 부분에 위치하게 되고, 그림 5.8(a)에서 보는 바와 같이 $I=N-S$ 직선 위의 초깃값에서 시작한 해 곡선이 $(N,0)$의 오른쪽 아래 부분에 있는 가짜 평형점 $\left(\frac{a}{r}, \frac{b}{a+b}\left(N-\frac{a}{r}\right)\right)$으로 다가감을 알 수 있다.

Python Code 5.7

```
# Python code 5.7 written by Kiwoon Kwon
import numpy as np
import matplotlib.pyplot as plt

# SIRS
def dS(t,S,I):
    return -0.0025*S*I + 0.2*(1000-S-I)
def dI(t,S,I):
    return 0.0025*S*I - 3*I # a=3
def dI2(t,S,I):
    return 0.0025*S*I - I # a=1

t0=0; tf = 20; Nstep=100;
plt.figure() # a=4
for j in range(Nstep):
    I0 = 10*j; S0 = 1000-I0;
    S,I,t = RK2(dS,dI,t0,tf,S0,I0,Nstep)
    plt.plot(S,I)
plt.title('a=3'); plt.grid()
plt.xlabel('Susceptibles'); plt.ylabel('Infectives')
plt.show()

tf=3; dtheta = 2*np.pi/100  # (N,0) 근처
plt.figure()
for k in range(100):
    S0 = 1000 + np.cos(k*dtheta); I0 = np.sin(k*dtheta)
    S,I,t = RK2(dS,dI,t0,tf,S0,I0,Nstep)
    plt.plot(S-1000,I)
plt.title('a=3'); plt.grid(); plt.axis('image')
plt.xlabel('Susceptibles-N'); plt.ylabel('Infectives')
plt.show()

tf=20; # a=1
plt.figure()
for j in range(Nstep):
    I0 = 10*j; S0 = 1000-I0;
    S,I,t = RK2(dS,dI2,t0,tf,S0,I0,Nstep)
    plt.plot(S,I)
```

```
plt.title('a=1')
plt.xlabel('Susceptibles'); plt.ylabel('Infectives')
plt.show()

tf=0.5; # (N,0) 근처
plt.figure()
for k in range(100):
    S0 = 1000 + np.cos(k*dtheta); I0 = np.sin(k*dtheta)
    S,I,t = RK2(dS,dI2,t0,tf,S0,I0,Nstep)
    plt.plot(S-1000,I)
plt.title('a=1'); plt.grid(); plt.axis('image')
plt.xlabel('Susceptibles-N'); plt.ylabel('Infectives')
plt.show()
```

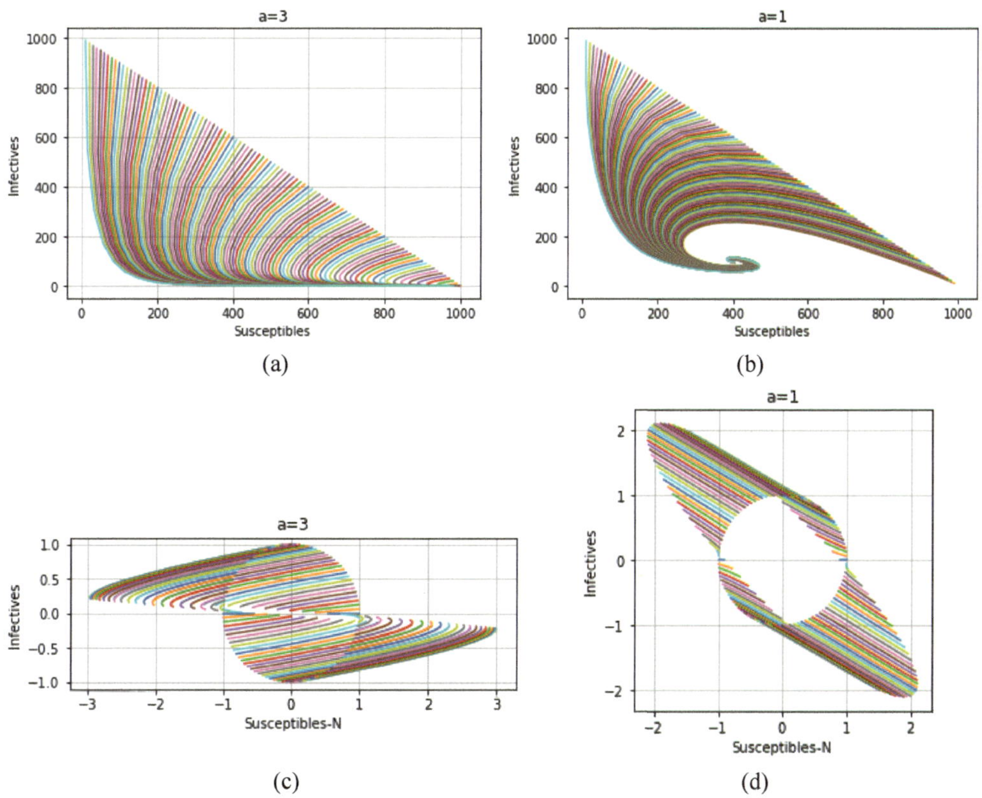

그림 5.8 SIRS 모델 (a,c) $\frac{a}{r} > N$ 인 경우, (b,d) $\frac{a}{r} < N$ 인 경우, (c,d)는 평형점 $(N,0)$ 주변

5.6 흡입영역의 배척점 정리

흡입영역의 배척점 정리, 혹은 Poincare-Benedicson 정리에 대해서 알아보자. 우선 2차원 1계 미분방정식 자가 시스템의 평형점 (α, β)가 **배척점**이라는 것은 이 점에 아주 가까운 주위에서 출발한 모든 해 곡선이 이 평형점에서 점점 멀어지는 경우를 말한다. 안장점, 불안정 노드, 불안정 나선, 불안정 회오리가 이에 해당한다.

그리고, 어떤 영역(Domain)을 생각해보자. 이 영역의 경계를 지나 이 영역으로 들어오는 해 곡선이 더 이상 이 영역을 빠져나갈 수 없을 때 우리는 이 영역을 **흡입 영역**(Basin of attraction)이라고 부른다.

이제 **흡입 영역의 배척점 정리**를 기술해 보자.

> **정리 5.2** 만약 어떤 흡입 영역이 배척점을 포함하고 있으면 이 영역은 이 배척점을 내부에 포함하고 이 영역안에 있는 하나의 닫힌 궤도(orbit)를 갖는다. 그리고,
>
> (1) 이 영역 안에서 출발하는 해 곡선은 이 닫힌 궤도의 안쪽에서 이 궤도로 나선을 그리며 수렴한다.
>
> (2) 이 영역 밖에서 출발하는 해 곡선은 이 닫힌 궤도의 바깥쪽에서 이 궤도로 나선을 그리며 수렴한다.

다음 2차 미분방정식 자가시스템을 고려해보자.

$$\begin{aligned} x' &= 0.07x\left(1-\frac{x}{y}\right) \\ y' &= \frac{2}{3}y\left(1-\frac{y}{4}\right)-\frac{xy}{1+y} \end{aligned} \quad \cdots\cdots (5.7)$$

시스템 (5.7)의 평형점은 $(0,0), (0,4), (1,1), (-4,-4)$ 이다. 영역 $[0,4]\times[0,4]$ 이 흡입 영역이고 $(1,1)$이 배척점임을 보임으로 흡입 영역 배척점 정리를 확인해 보자.

영역 $[0,4]\times[0,4]$의 경계 $x=0,\ 0\le y\le 4$ 에서는 $x'=0$ 이므로 이 영역 안에서 이 경계를 통과해 나가지 않는다. 마찬가지로, $y=0,\ 0\le x\le 4$ 에서 $y'=0$ 이므로 이 영역 안에서 이 경계를 통과해 바깥으로 나가지 않는다. 한편, 경계 $x=4, 0<y\le 4$ 에서는 $x'=0.28\dfrac{y-4}{y}<0$ 이므로 해 곡선이 이 경계를 통과해 바깥으로 가지 않는다. 마지막으로, 경계 $y=4, 0\le x\le 4$ 에서 $y'=\dfrac{-4x}{5}\le 0$로 해곡선이 이 경계를 통해 나가는 경우가 없다. 따라서, 이 영역은 흡입영역이다.

시스템 (5.7)의 점 (x, y)에서의 쟈코비안 행렬을 구하면

$$A=\begin{pmatrix} 0.07-0.14\dfrac{x}{y} & 0.07\dfrac{x^2}{y^2} \\ \dfrac{-y}{1+y} & \dfrac{2}{3}-\dfrac{y}{3}-\dfrac{y}{1+y}+\dfrac{xy}{(1+y)^2} \end{pmatrix}$$

이고, 평형점 $(1,1)$에서 $A=\begin{pmatrix} -0.07 & 0.07 \\ -0.5 & \dfrac{1}{12} \end{pmatrix}$ 이 된다. 따라서,

$$tr(A)=\frac{1}{75}>0,\ \ \det(A)=\frac{7}{240}>0,\ \ D=\frac{1}{150^2}-\frac{7}{240}<0$$

이 되어 평형점 $(1,1)$ 은 불안정 나선 형태의 배척점이 된다.

예제 5.7 (Python code 5.8, 그림 5.9)

시스템 (5.7)의 흡입영역 $[0,4]\times[0,4]$ 에 대해서 Poincare-Benedicson 정리 5.2를 적용해 보자. 배척점은 $(1,1)$ 이므로 이 주위로 유일한 닫힌 궤도가 존재할 것이다. 초기조건 $(0.9,0.9)$와 $(3,3)$에서 시작하는 해 곡선을 이용하여 이 닫힌 궤도의 위치를 추정해 보자. Python code 3.8에서 구현한 결과를 그림 5.9에 그 결과를 그려보았다. 그림 5.9에서 보는 바와 같이 이 닫힌 궤도는 오렌지색과 푸른색 해 곡선들 사이에 존재한다고 추정할 수 있다.

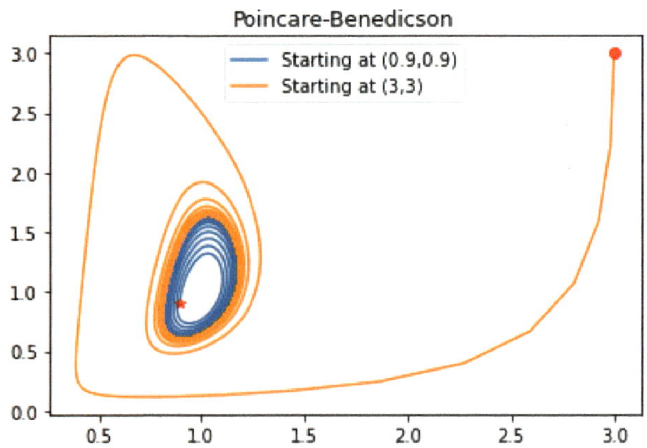

그림 5.9 Poincare-Benedicson 정리

Python Code 5.8

```
# Python code 5.8 written by Kiwoon Kwon
import numpy as np
import matplotlib.pyplot as plt

# Poincare-Benedicson
def Poincaref(t,x,y):
    return 0.07*x*(1-x/y)
def Poincareg(t,x,y):
    return 2/3*y*(1-y/4)-x*y/(1+y)

t0=0; tf=5000; N=10000
```

```
plt.figure()

x0in=0.9; y0in=x0in;
x,y,t = RK2(Poincaref,Poincareg,t0,tf,x0in,y0in,N)
plt.plot(x,y)

x0out=3; y0out=x0out;
x,y,t = RK2(Poincaref,Poincareg,t0,tf,x0out,y0out,N)
plt.plot(x,y)

plt.plot(x0in,y0in,'r*',x0out,y0out,'ro')
plt.title('Poincare-Benedicson')
plt.legend(["Starting at (0.9,0.9)","Starting at (3,3)"])
plt.show()
```

5.7 1계 n차 미분방정식 시스템 수치해법, 로렌츠의 이상한 끌개

5장 2절에서 1계 2차 미분방정식 시스템에 대한 수치해법에 대해 알아 보았는데, 변수가 두 개여서 x, y 로 표시하였다. 5.3절부터 5.6절까지 자가시스템은 모두 2차이어서 이 수치해법으로 풀 수 있었다. 이제 이 절에서는 변수가 세 개 이상인 경우에 대해서 알아보자. 물론 변수가 3개인 3차에 대해서 함수 RK2를 RK3로 변형하여 사용할 수도 있지만 좀 더 일반적으로 변수가 3 개 이상의 어떤 경우에도 적용할 수 있는 함수를 만들어 보자. Euler2나 RK2를 자세히 보면 두 변수에 대해 단계마다 각 변수에 독립적으로 계산을 수행할 수 있다는 것을 알 수 있다. 따라서, 변수를 차수에 맞춰 늘이는 대신 n차의 경우 n 벡터 하나를 사용하여 계산을 수행할 수 있다. 즉, Euler 해법의 해를 Y^{Euler}, Runge-Kutta 해법의 해를 Y^{RK}라 하고, 시스템 (5.1)에 대해서

$$F(t, Y) = \begin{pmatrix} f_1(t, Y) \\ f_2(t, Y) \\ f_3(t, Y) \\ \cdots \\ f_n(t, Y) \end{pmatrix}, \quad Y^0 = \begin{pmatrix} a_1 \\ a_2 \\ a_3 \\ \cdots \\ a_n \end{pmatrix}$$

이라고 하면,

$$Y_0^{Euler} = Y^0; \quad Y_{n+1}^{Euler} = Y_n^{Euler} + hF(t_n, Y_n^{Euler}), n = 1, 2, \cdots$$

$$Y_0^{RK} = Y^0;$$

$$\begin{aligned} K_1 &= F(t_n, Y_n^{RK}), \\ K_2 &= F\left(t_n + \frac{h}{2}, Y_n^{RK} + \frac{h}{2}K_1\right), \\ K_3 &= F\left(t_n + \frac{h}{2}, Y_n^{RK} + \frac{h}{2}K_2\right), \\ K_4 &= F\left(t_{n+1}, Y_n^{RK} + hK_3\right), \end{aligned}$$

$$Y_{n+1}^{RK} = Y_n^{RK} + h/6(K_1 + 2K_2 + 2K_3 + K_4).$$

와 같이 Euler 해법과 Runge-Kutta 해법의 해를 구할 수 있다. 이를 Python code 5.9에서 구체화하였다.

Python Code 5.9

```
# Python code 5.9 written by Kiwoon Kwon
import numpy as np
import matplotlib.pyplot as plt

# EulerD, RKD
def EulerD(F,t0,tf,Y0,N):
    t = np.linspace(t0,tf,N+1); h=(tf-t0)/N
    D = len(Y0); Y = np.zeros((N+1,D)); Y[0,:] = Y0
    for i in range(N):
        Y[i+1,:] = Y[i,:] + h*F(t[i],Y[i,:])
    return Y,t
```

```
def RKD(F,t0,tf,Y0,N):
    t = np.linspace(t0,tf,N+1); h=(tf-t0)/N
    D = len(Y0); Y = np.zeros((N+1,D)); Y[0,:] = Y0
    for i in range(N):
        K1 = F(t[i],Y[i,:])
        K2 = F(t[i]+h/2, Y[i,:]+h/2*K1)
        K3 = F(t[i]+h/2, Y[i,:]+h/2*K2)
        K4 = F(t[i]+h, Y[i]+h*K3)
        Y[i+1,:] = Y[i,:] + h/6*( K1 + 2*K2 + 2*K3 + K4)
    return Y,t
```

예제 5.8 (Python code 5.10, 그림 5.10)

다차원 미분 방정식 시스템에 대한 두 가지 수치해법 파이썬 코드 Python code 5.9를 이용하여 로렌츠 끌개 문제를 풀어보자. **로렌츠의 이상한 끌개**(Lorenz Strange Attractor)는 3차원 공간에서 대기의 대류를 나타내는 3차 1계 미분방정식 시스템으로 1963년 미국 메사추세츠 공과대학(MIT)의 수학자이자 기상학자인 에드워드 노턴 로렌즈(Edward Norton Lorenz)가 '결정론적 비주기 흐름'이라는 논문에서 발표하였다[12]. 이 시스템의 초기조건에 대한 민감성의 발견이 **혼돈(Chaos) 이론**의 시초로 여겨지고, '**나비효과**'라는 신조어를 만들어 내기도 했다[13,14]. 구체적인 방정식은 아래와 같다.

$$\begin{cases} x' = s(y-x) \\ y' = x(r-z)-y \\ z' = xy-bz \end{cases}$$

논문 [12]에서 사용한 매개변수들은 아래와 같다.

$$b = \frac{8}{3},\ s = 10,\ r = 28.$$

책 [1]과 같이 두 초기 조건들

$$i)\ x(0) = -8,\ y(0) = 8,\ z(0) = 27$$

$$ii)\ x(0) = -8.02,\ y(0) = 7.98,\ z(0) = 27$$

을 사용하여 로렌츠 방정식을 Python code 5.10에서 구현하고, 그 결과를 그림 5.10에 나타내었다. (a)와 (b)에서는 각각 초기 조건 i)과 ii)에 대한 해를 그렸고, (c)에서는 두 해를 비교하기 위해 초기 조건 i)에 대한 해는 파란색으로, 초기조건 ii)에 대한 해는 빨간색으로 중첩해서 나타내었다. 각각 (x,y), (y,z), (z,x), (t,x), (t,y), (t,z) 평면에서 해를 표현해 보았고, t를 포함하는 평면에서는 해가 아주 불규칙적으로 오르락 내리락하는 것을 알 수 있고, t을 포함하지 않는 평면에서는 나비 모양을 하면서 양쪽을 왔다갔다 하는 것을 알 수 있다. 이 나비모양이 '나비효과'라는 말이 나오게 한 또 하나의 이유이기도 하다. 초기 조건 $i)$과 $ii)$가 0.02 밖에 차이가 나지 않는데, 두 초기조건의 해를 중첩한 (c)를 보면 두 해곡선이 같은 공간에서 거의 겹치지 않고 독립적으로 움직임을 알 수 있다. 이런 현상을 **'이상한 끌개'** 라 한다. (d)에서는 두 해의 차이를 y축 시간 t를 $x-$축으로 하여 나타내었는데, 두 초기 조건의 차이가 0.02밖에 나지 않는데 시간이 지남에 따라 두 해의 차이가 거의 30까지 되므로 입력 대비 약 1500%의 출력 오차가 발생하여 날씨에 대한 예측이 거의 혼돈(Chaos) 상태에 이름을 알 수 있다.

Python Code 5.10

```
# Python code 5.10 written by Kiwoon Kwon
import numpy as np
import matplotlib.pyplot as plt

def LSA(t,Y):
    return np.array((-10*Y[0]+10*Y[1],-Y[0]*Y[2]+28*Y[0]-Y[1],Y[0]*Y[1]-8/3*Y[2]))

Y0 = np.array((-8.0,8.0,27.0)); t0=0; tf=50; N=5000
Y,t = RKD(LSA,t0,tf,Y0,N)
plt.figure()
plt.subplot(2,3,1); plt.plot(Y[:,0],Y[:,1]); plt.xlabel('x'); plt.ylabel('y')
plt.subplot(2,3,2); plt.plot(Y[:,1],Y[:,2]); plt.xlabel('y'); plt.ylabel('z')
plt.subplot(2,3,3); plt.plot(Y[:,2],Y[:,0]); plt.xlabel('z'); plt.ylabel('x')
plt.subplot(2,3,4); plt.plot(t,Y[:,0]); plt.xlabel('t'); plt.ylabel('x')
plt.subplot(2,3,5); plt.plot(t,Y[:,1]); plt.xlabel('t'); plt.ylabel('y')
plt.subplot(2,3,6); plt.plot(t,Y[:,2]); plt.xlabel('t'); plt.ylabel('z')
plt.show()

Y0 = Y0 + np.array((-0.02,-0.02, 0));
Ye,t = RKD(LSA,t0,tf,Y0,N)
plt.figure()
```

```
plt.subplot(2,3,1); plt.plot(Ye[:,0],Ye[:,1],'r'); plt.xlabel('x'); plt.ylabel('y')
plt.subplot(2,3,2); plt.plot(Ye[:,1],Ye[:,2],'r'); plt.xlabel('y'); plt.ylabel('z')
plt.subplot(2,3,3); plt.plot(Ye[:,2],Ye[:,0],'r'); plt.xlabel('z'); plt.ylabel('x')
plt.subplot(2,3,4); plt.plot(t,Ye[:,0],'r'); plt.xlabel('t'); plt.ylabel('x')
plt.subplot(2,3,5); plt.plot(t,Ye[:,1],'r'); plt.xlabel('t'); plt.ylabel('y')
plt.subplot(2,3,6); plt.plot(t,Ye[:,2],'r'); plt.xlabel('t'); plt.ylabel('z')
plt.title("Perturbed")
plt.show()

plt.figure()
plt.subplot(2,3,1); plt.plot(Y[:,0],Y[:,1],'b',Ye[:,0],Ye[:,1],'r'); plt.xlabel('x'); plt.ylabel('y')
plt.subplot(2,3,2); plt.plot(Y[:,1],Y[:,2],'b',Ye[:,1],Ye[:,2],'r'); plt.xlabel('y'); plt.ylabel('z')
plt.subplot(2,3,3); plt.plot(Y[:,2],Y[:,0],'b',Ye[:,2],Ye[:,0],'r'); plt.xlabel('z'); plt.ylabel('x')
plt.subplot(2,3,4); plt.plot(t,Y[:,0],'b',t,Ye[:,0],'r'); plt.xlabel('t'); plt.ylabel('x')
plt.subplot(2,3,5); plt.plot(t,Y[:,1],'b',t,Ye[:,1],'r'); plt.xlabel('t'); plt.ylabel('y')
plt.subplot(2,3,6); plt.plot(t,Y[:,2],'b',t,Ye[:,2],'r'); plt.xlabel('t'); plt.ylabel('z')
plt.title("Overlap")
plt.show()

plt.figure()
plt.subplot(1,3,1); plt.plot(t,Y[:,0]-Ye[:,0]); plt.xlabel('t'); plt.ylabel('x')
plt.subplot(1,3,2); plt.plot(t,Y[:,1]-Ye[:,1]); plt.xlabel('t'); plt.ylabel('y')
plt.subplot(1,3,3); plt.plot(t,Y[:,2]-Ye[:,2]); plt.xlabel('t'); plt.ylabel('z')
plt.title('The error')
plt.show()
```

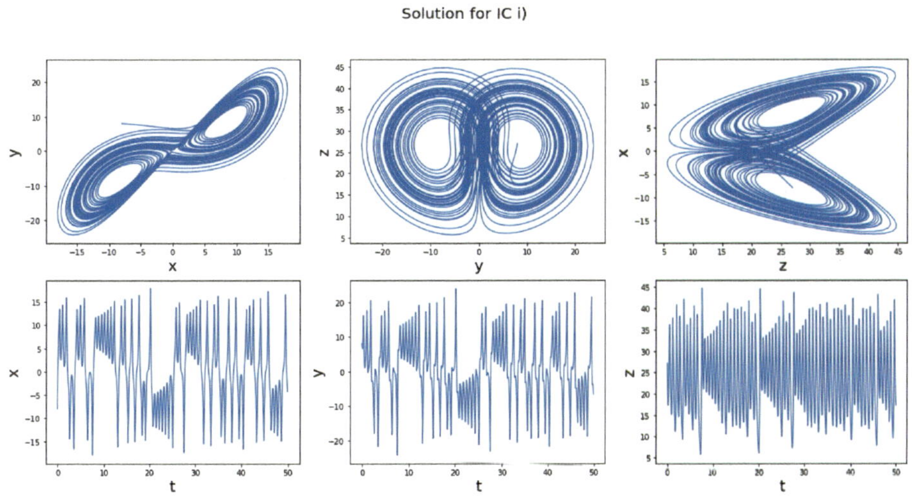

(a)

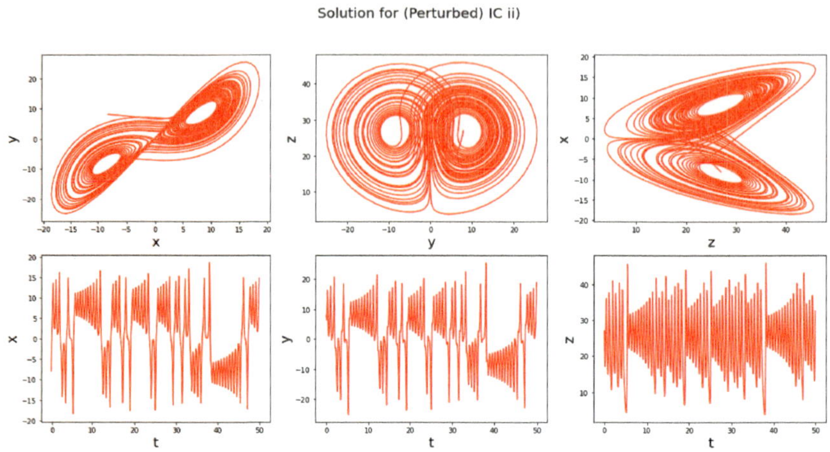

(b)

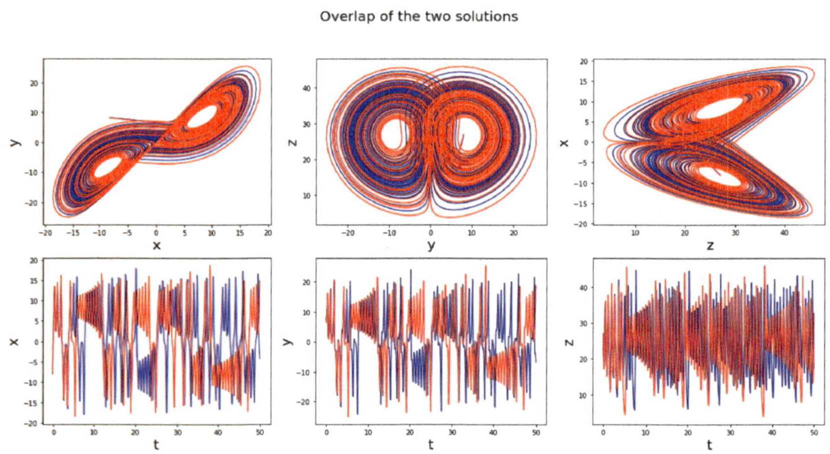

(c)

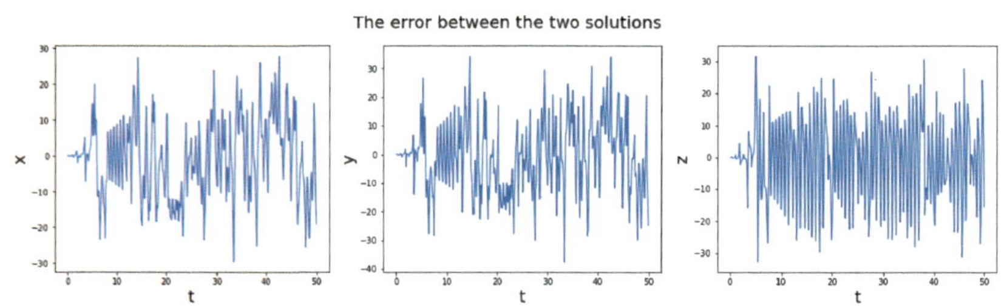

(d)

그림 5.10 Lorenz 이상한 끌개 (a) 초깃값 $(-8,8,27)$에 대한 해 (b) 초깃값 $(-8.02, 7.98, 27)$에 대한 해 (c) 두 초깃값에 대한 해 비교 (d) 두 해의 오차

연·습·문·제

[5.1] 다음의 (a),(b) 두 2차원 자가시스템

$$(a)\begin{cases} x'(t) = y(t) \\ y'(t) = -2x(t) + y(t) \end{cases}, \quad (b)\begin{cases} x'(t) = -y(t) \\ y'(t) = 2x(t) - y(t) \end{cases}$$

의 고유값을 구하고, 평형점 (0,0) 근처에서의 해의 거동을 예측하라. 이 평형점의 안정성에 대해 말하시오. 다음 파이썬 코드의 (c)-(h)부분을 적절히 채워 넣어 평형점 (0,0) 근처에서의 해의 거동을 잘 알 수 있게 표시하시오.

```
# Written by Kiwoon Kwon
import numpy as np
import matplotlib.pyplot as plt

## RK2
def RK2(f,g,t0,tf,x0,y0,N):
    t = np.linspace(t0,tf,N+1); h=(tf-t0)/N
    x = np.zeros(N+1); y = np.zeros(N+1)
    x[0] = x0; y[0] = y0
    for i in range(N):
        x1 = f(t[i],x[i],y[i])
        y1 = g(t[i],x[i],y[i])
        x2 = f(t[i]+h/2, x[i]+h/2*x1, y[i]+h/2*y1)
        y2 = g(t[i]+h/2, x[i]+h/2*x1, y[i]+h/2*y1)
        x3 = f(t[i]+h/2, x[i]+h/2*x2, y[i]+h/2*y2)
        y3 = g(t[i]+h/2, x[i]+h/2*x2, y[i]+h/2*y2)
        x4 = f(t[i]+h, x[i]+h*x3, y[i]+h*y3)
        y4 = g(t[i]+h, x[i]+h*x3, y[i]+h*y3)
        x[i+1] = x[i] + h/6*( x1 + 2*x2 + 2*x3 + x4)
        y[i+1] = y[i] + h/6*( y1 + 2*y2 + 2*y3 + y4)
    return x,y,t
## (a)
def f(t,x,y):
    return (c)
def g(t,x,y):
    return (d)

Ntheta = 30; theta = 2*np.pi/Ntheta; t0=0; tf = 10; N=50
plt.figure()
for i in range(Ntheta):
```

```
    x0 = np.cos(i*theta); y0 = np.sin(i*theta)
    x,y,t = (e)
    plt.plot(x,y)
plt.axis('image'); plt.axis([-2,2,-2,2])
plt.show()

## (b)
def f(t,x,y):
    return (f)
def g(t,x,y):
    return (g)
plt.figure()
for i in range(Ntheta):
    x0 = np.cos(i*theta); y0 = np.sin(i*theta)
    x,y,t = (h)
    plt.plot(x,y)
plt.axis('image'); plt.axis([-2,2,-2,2])
plt.show()
```

[5.2] [1] 포식자-피식자 모델 (5.4)의 해가 어떤 상수 K에 대해

$$\frac{x^c y^a}{e^{dx} e^{by}} = K$$

이 성립함을 증명하시오. 이 모델의 해는 주기함수임이 알려져 있다. 주기를 P라고 했을 때, 다음 두 등식이 성립함을 보이시오.

$$\frac{1}{P}\int_0^P x(t)dt = \frac{c}{d},\ \ \frac{1}{P}\int_0^P y(t)dt = \frac{a}{b}$$

[5.3] SIR 모델 (5.5)에 대해서

(a) 시간에 따른 감염집단 인구 $I(t)$ 의 최댓값을 구하시오.

(b) 감염가능 집단의 인구 $S(t)$는 시간에 대해 감소함수임을 보이시오.

(c) 시간이 무한대로 갈 때 감염가능 집단의 인구 $S(\infty)$는 양수이고 다음의 등식을 만족함을 보이시오.

$$S(0)\exp\left(\frac{-(N-S(\infty))}{a}r\right) = S(\infty).$$

[5.4] 다음 SIRS 모델의 평형점이 $S, I, R > 0$ 인 부분에 있을 조건을 구하시오.

$$\begin{aligned} S'(t) &= -rIS + bR, \\ I'(t) &= rIS - aI, \\ R'(t) &= aI - bR, \\ S + I + R &= N > 0 \end{aligned}$$

[5.5] [예제 5.8]의 이상한 끌개의 평형점을 모두 구하시오. z-축이 불변집합임을 보이고, 초기 조건이 z-축 위에 있을 때 해가 0으로 지수적으로(exponentially) 수렴함을 보이시오.

제6장

Python & Numerical Analysis

경곗값 문제

4장과 5장에서는 정의역이 시간이라고 가정하고 초깃값이 주어진 초깃값문제를 다루었다. 6장에서는 정의역을 시간대신 선분과 같은 유한한 1차원 공간이라고 가정하고 양 끝 값, 즉 경곗값이 주어져 있을 때 미분방정식을 만족하는 **경곗값 문제**를 다루어 보자. 즉, 미분방정식이 2계이라고 하면 구하고자 하는 문제는 다음과 같다.

$$\begin{aligned} &y''(t) = f(t,y,y'),\ (t,y,y') = (a,b)\times R\times R, \\ &y(a) = \alpha,\ \ y(b) = \beta \end{aligned} \quad \cdots\cdots (6.1)$$

2계 **선형** 미분방정식 경곗값 문제는 다음과 같다.

$$\begin{aligned} &y''(t) = p(t)y' + q(t)y + r(t)\ \text{for}\ t\in(a,b), \\ &y(a) = \alpha,\ \ y(b) = \beta \end{aligned}$$

또한, 2계 **제차** 선형 미분방정식 경곗값 문제는 다음과 같이 $r(t)=0$ 인 경우이다.

$$\begin{aligned} &y''(t) = p(t)y' + q(t)y \\ &y(a) = \alpha,\ \ y(b) = \beta \end{aligned} \quad \cdots\cdots (6.2)$$

2계 미분방정식 경곗값 문제에 대한 해의 존재성과 유일성에 대해서는 아래의 사실이 알려져 있다[15].

정리 6.1

1) 2계 미분방정식 경곗값 문제 (6.1)에서 $f, f_y, f_{y'}$ 가 (a,b)에서 연속 $f_y > 0$ 이고, $|f_{y'}|$ 가 유한이면, (6.1)의 해는 유일하게 존재한다.

2) 2계 미분방정식 경곗값 문제 (6.2)에서 p, q, r 이 (a,b)에서 연속이고 $q > 0$ 이면, (6.2)의 해는 유일하게 존재한다.

2)의 결과는 1)로부터 쉽게 구할 수 있다. 그리고, 위 조건을 만족하지 않더라도 해가 유일하게 존재할 수 있다라는 것을 명심하자. 즉, 위의 조건은 해가 유일하게 존재할 충분조건이지 필요조건은 아니다.

문제 6.1 다음 경곗값 문제의 해의 존재성과 유일성에 대하여 정리 6.1을 적용할 수 있는 지 논하시오.

$$\begin{aligned} &y''(t) + 2y^2(t) = \cos t, \quad t \in (0,1), \\ &y(0) = 1, y(1) = 2023 \end{aligned}$$

풀이 식 (6.1)을 이용하기 위해 $f(t,y,y') = -2y^2(t) + \cos t$라 정의하자. $f_y(t,y,y') = -4y,\ f_{y'}(t,y,y') = 0$이므로, 정리 6.1의 조건을 만족하지 않는다. 따라서, 이 경곗값 문제의 해가 존재하는지, 해가 존재한다면 유일한 지, 정리 6.1을 적용해서 말할 수 없다. 이 사실이 이 문제의 해가 존재하지 않다거나 유일하지 않다는 것을 말하는 것은 아니다. 단지, 정리 6.1을 적용할 수 없다는 것이다. 사실, 생각보다 많은 미분방정식 문제, 특히 비선형 문제에 대해서 해의 존재성과 유일성이 알려지지 않은 문제들이 많이 있다.

6.1 선형 및 비선형 발사법

2계 선형 경곗값 문제의 해 y는 아래 두 2계 선형 미분방정식의 해들인 y_1과 y_2의 선형 조합

$$y = y_1 + \frac{\beta - y_1(b)}{y_2(b)} y_2$$

으로 구할 수 있는 데 여기서 y_1, y_2 는 아래의 식들을 만족한다.

$$\begin{aligned} &y_1''(t) = p(t)y_1'(t) + q(t)y_1(t) + r(t), \\ &y_1(a) = \alpha,\ y_1'(a) = 0. \end{aligned}$$

$$\begin{aligned} &y_2''(t) = p(t)y_2'(t) + q(t)y_2(t), \\ &y_2(a) = 0,\ y_2'(a) = 1. \end{aligned}$$

이를 **선형 발사법**(Linear Shooting Method)이라고 부르며, 선형 방정식의 경우에 1계 4차 선형 미분방정식 시스템으로 구할 수 있다. 보다 구체적으로

$$z_1 = y_1,\ z_2 = y_1',\ z_3 = y_2,\ z_4 = y_2'$$

로 치환하면, 아래의 1계 4차 선형 미분방정식 시스템을 구할 수 있다.

$$Z(t) = \begin{pmatrix} z_1(t) \\ z_2(t) \\ z_3(t) \\ z_4(t) \end{pmatrix},\quad Z'(t) = \begin{pmatrix} z_2(t) \\ p(t)z_2(t) + q(t)z_1(t) + r(t) \\ z_4(t) \\ p(t)z_4(t) + q(t)z_3(t) \end{pmatrix},\ Z(a) = \begin{pmatrix} \alpha \\ 0 \\ 0 \\ 1 \end{pmatrix}.$$

예제 6.1 (Python code 6.1, 그림 6.1)

다음 경곗값 문제에 대해 살펴보자.

$$y'' = -y;\ \ y(0) = 0, y\left(\frac{\pi}{2}\right) = 1 \quad \cdots\cdots\cdots \quad (6.3)$$

이 문제에 대한 파이썬 코드는 아래와 같고, 그 결과는 그림 6.1에 있다.

Python Code 6.1

```
# Python code 6.1 written by Kiwoon Kwon
import numpy as np
import matplotlib.pyplot as plt

def p(t,Z):
    return  0
def q(t,Z):
    return -1
def r(t,Z):
    return 0
def LinearShooting(t,Z):
    return np.array((Z[1],p(t,Z)*Z[1]+q(t,Z)*Z[0]+r(t,Z),Z[3],p(t,Z)*Z[3]+q(t,Z)*Z[2]))
t0 = 0; tf = np.pi/2; Z0 = [0,0,0,1]; beta=1; N=10
Z,t = RKD(LinearShooting,t0,tf,Z0,N)
y = Z[:,0] + (beta-Z[-1,0])/Z[-1,2]*Z[:,2]
plt.figure(); plt.plot(t/np.pi,y,'b',t/np.pi,np.sin(t),'r*')
plt.xlabel('x/pi'); plt.show()
```

선형 발사법은 선형 방정식 경곗값 문제를 한 번에 풀 수 있는 장점이 있지만, 비선형 방정식의 경우에는 적용할 수가 없다. 비선형 방정식의 경우, 초기 미분값을 정확히 알 수 없으므로 이에 대한 근사가 필요하므로 이 초기 미분값에 대한 근 찾기 해법으로 초기 미분값을 추정한다. 3절에서 소개하였던 뉴톤법을 적용하면 아래와 같은 **비선형 발사법**을 구할 수 있다.

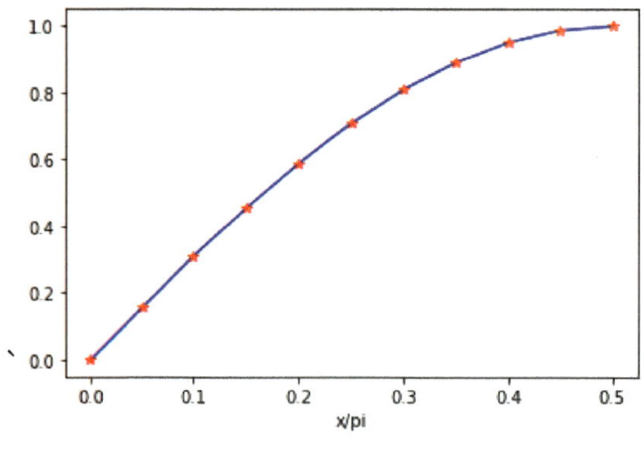

그림 6.1 선형 발사법: 경곗값 문제 (6.3)에 대한 참 해(파란 실선)와 근사해 (붉은 별)

$$\begin{cases} y_1''(t) = f(t, y_1(t), y_1'(t)),\ t \in (a,b), \\ y_1(a) = \alpha,\ \ y_1'(a) = m_k. \end{cases} \tag{6.4a}$$

$$\begin{cases} y_2''(t) = f_y(t, y_1(t), y_1'(t))y_2 + f_{y'}(t, y_1(t), y_1'(t))y_2',\ \ t \in (a,b) \\ y_2(a) = 0,\ \ y_2'(a) = 1. \end{cases} \tag{6.4b}$$

$$m_{k+1} = m_k - \frac{y_1(b;m_k) - \beta}{y_2(b;m_k)},\ m_0 = \frac{\beta - \alpha}{b - a} \tag{6.4c}$$

(6.4a)에서 시작해서 (6.4b), (6.4c)가 Newton 해법으로 어떻게 유도 되었는지 설명할 것이다. (6.4a)를 $m := y_1'(a)$에 대해서 미분하면

$$\left(\frac{\partial y_1}{\partial m}\right)''(t) = f_y(t, y_1(t), y_1'(t))\frac{\partial y_1}{\partial m} + f_{y'}(t, y_1(t), y_1'(t))\frac{\partial y_1'}{\partial m},$$
$$\frac{\partial y_1}{\partial m}(a) = 0,\ \frac{\partial y_1'}{\partial m}(a) = 1.$$

이 되고, $y_2 = \dfrac{\partial y_1}{\partial m}$이라고 하면 (6.4b)가 유도된다. 함수 $g(m) = y_1(b:m) - \beta$ 에 대해 Newton 해법을 적용하면 $g'(m) = \dfrac{\partial y_1}{\partial m}(b:m) = y_2(b:m)$ 이므로, (6.4c)가 유도된다. m_0의 값은 구간 $t \in [a,b]$에서의 $m(t)$의 평균 속도로 볼 수 있다. 만약 $f(t,y,y')$가 y와 y'에 대해 선형이고, $m_0 = 0$ 이라면, 이 해법은 선형 발사법과 같고, 1번의 반복만으로 해를 구할 수 있다.

예제 6.2 (Python code 6.2, 그림 6.2)

(6.3)의 경곗값 문제에 대한 비선형 발사법에 대한 Python code 는 아래와 같다.

Python Code 6.2

```
# Python code 6.2 written by Kiwoon Kwon
import numpy as np
import matplotlib.pyplot as plt
```

```
# RKD
def RKD(F,t0,tf,Y0,N):
    t = np.linspace(t0,tf,N); h=(tf-t0)/N
    D = len(Y0); Y = np.zeros((N,D)); Y[0,:] = Y0
    for i in range(N-1):
        K1 = F(t[i],Y[i,:])
        K2 = F(t[i]+h/2, Y[i,:]+h/2*K1)
        K3 = F(t[i]+h/2, Y[i,:]+h/2*K2)
        K4 = F(t[i]+h, Y[i,:]+h*K3)
        Y[i+1,:] = Y[i,:] + h/6*( K1 + 2*K2 + 2*K3 + K4)
    return Y,t

# y'' = -y; y(0)=0, y(pi/2)=1  ==> y=sin x
def F(t,Z):
    return -Z[0]
def Fy(t,Z):
    return -1
def Fyp(t,Z):
    return 0
def NonlinearShooting(t,Z):
    return np.array([Z[1],F(t,Z),Z[3],Fyp(t,Z)*Z[3]+Fy(t,Z)*Z[2]])

t0 = 0; tf = np.pi/2; N=10
t = np.linspace(t0,tf,N); tr = np.sin(t)
alpha = 0; beta = 1;
tol = 1.e-7; m=(beta-alpha)/(tf-t0);
diff = beta + 10*tol; i=0
while abs(diff) > tol:
    Z0 = np.array([alpha,m,0,1])
    Z,t = RKD(NonlinearShooting,t0,tf,Z0,N)
    plt.figure(); plt.plot(t,Z[:,0],'b-',t,tr,'r-'); plt.show()# usual scale
    k = Z[-1,0]; diff = k-beta;
    if abs(Z[-1,2]) < 0.1:
        Z[-1,2] = 0.1
    m = m - diff/Z[-1,2]
    i = i+1; print(i)

m=(beta-alpha)/(tf-t0);  diff = beta + 10*tol
```

```
plt.figure()
while abs(diff) > tol:
    Z0 = np.array([alpha,m,0,1])
    Z,t = RKD(NonlinearShooting,t0,tf,Z0,N)
    plt.semilogy(t,abs(Z[:,0]-tr)) #log scale
    k = Z[-1,0]; diff = k-beta
    if abs(Z[-1,2]) < 0.1:
        Z[-1,2] = 0.1
    m = m - diff/Z[-1,2]
plt.show()
```

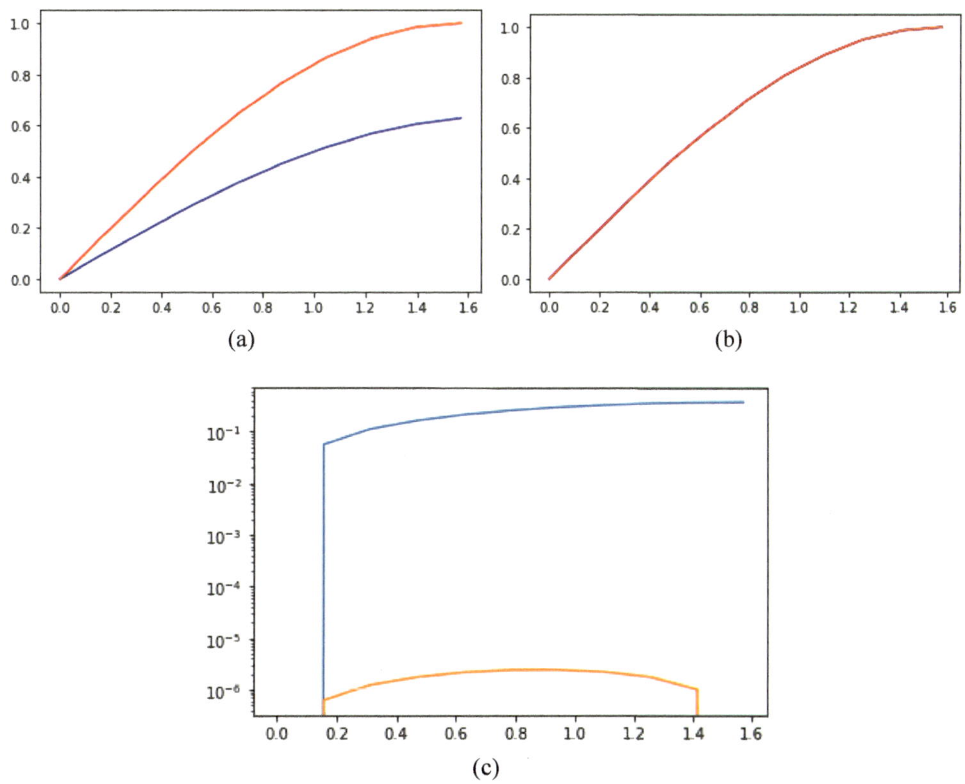

그림 6.2 비선형 발사법을 이용한 (6.3)의 해 구하기: (a) 1번 반복 후 참 해(붉은 색)와 근사 해(푸른 색) (b) 2번 반복 후 참 해(붉은 색)과 근사 해(푸른 색) (c) 참 해와 근사 해의 차이에 대한 로그 스케일, 1번 반복 후 오차(시안 색)와 2번 반복 후 오차(주황 색)

그림 6.2에서는 비선형 발사법을 이용하여 (6.3)의 해를 구한 결과를 설명하였다. 1번 반복 후 참 해(붉은 색)와 근사 해(푸른 색)의 차이는 오른쪽 끝에서 제법 큰 것을 볼 수 있다. 하지만, 2번 반복 후에는 (b)에서 보는 바와 같이 그 차이는 현저하게 줄어들어 거의 육안으로 구분할 수 없게 되었다. 보다 구체적으로 (c)에서 그 차이의 절댓값을 로그 스케일로 표시 하였는데, 1번 반복 후 오차가 2번 반복 후 얼마나 줄어들어는 지 두 차이를 비교하면서 보여주고 있다.

예제 6.3 (Python code 6.3, 그림 6.3)

이번에는 다음 비선형 경곗값 문제[1]에 대한 비선형 발사법을 적용해 보자.

$$\begin{aligned} y''(t) &= -2(y(t)y'(t) + ty'(t) + y(t) + t), \ t \in (1,2), \\ y(1) &= 0, \ \ y(2) = -2. \end{aligned} \quad (6.4)$$

이 문제에 대한 파이썬 코드는 아래와 같다.

Python Code 6.3

```
# Python code 6.3 written by Kiwoon Kwon
import numpy as np
import matplotlib.pyplot as plt

def F(t,Z):
    return -2*(Z[0]*Z[1] + t*Z[1] + Z[0] + t)
def Fy(t,Z):
    return -2*(Z[1] + 1)
def Fyp(t,Z):
    return -2*(Z[0] + t)
def NonlinearShooting(t,Z):
    return np.array([Z[1],F(t,Z),Z[3],Fyp(t,Z)*Z[3]+Fy(t,Z)*Z[2]])

t0=1; tf=2; alpha = 0; beta = -2; tol = 1.e-4; N=10
m = (beta-alpha)/(tf-t0);
diff = beta + 10*tol; j=0
plt.figure()
```

```
while abs(diff) > tol:
    j = j+1
    Z0 = np.array([alpha,m,0,1])
    Z,t = RKD(NonlinearShooting,t0,tf,Z0,N)
    plt.plot(t,Z[:,0],label=str(j)+'-th')
    k = Z[-1,0]; diff = k-beta
    m = m - diff/Z[-1,2]
plt.legend(); plt.show()

tr4 = Z[:,0]

m = (beta-alpha)/(tf-t0); diff = beta + 10*tol; j=0
plt.figure()
while abs(diff) > tol:
    j = j+1
    Z0 = np.array([alpha,m,0,1])
    Z,t = RKD(NonlinearShooting,t0,tf,Z0,N)
    plt.semilogy(t,abs(Z[:,0]-tr4),label=str(j)+'-th')
    k = Z[-1,0]; diff = k-beta
    m = m - diff/Z[-1,2]
plt.title('Error with 4-th')
plt.legend(); plt.show()
```

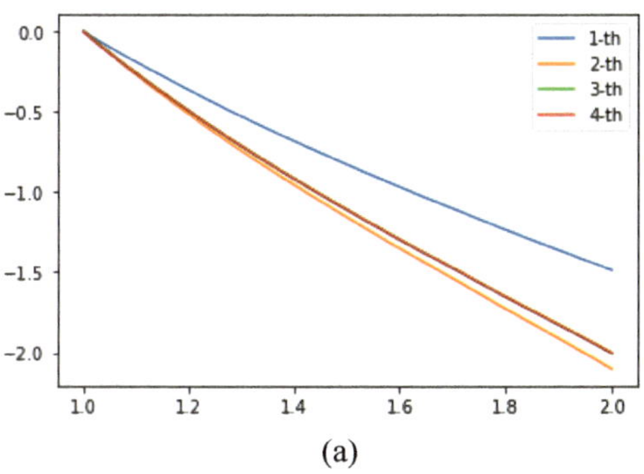

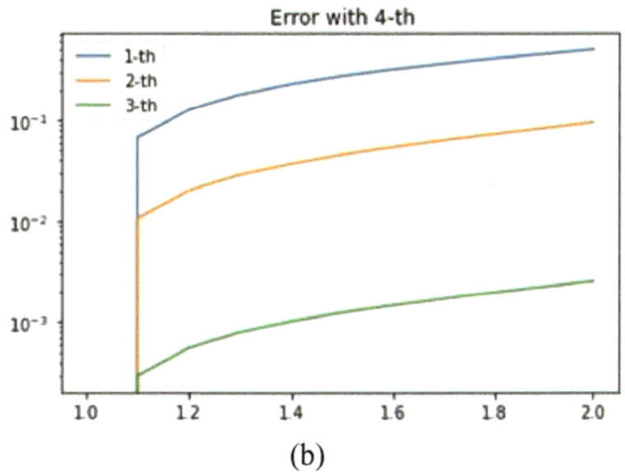

그림 6.3 경곗값 문제 (6.4)에 대한 비선형 발사법: (a) 1,2,3,4회 반복 후 근삿값 들 (b) 5회 반복 후 근삿값을 기준으로 1,2,3,4회 반복 후 근삿값들의 오차에 대한 로그 스케일

예제 6.4 (Python code 6.4, 그림 6.4)

다음으로 다음 경곗값 문제[1]를 고려해 보자.

$$
\begin{aligned}
&y''(t) = 12\,y(t)^{\frac{5}{3}}, t \in (0,2), \\
&y(0) = 1,\ y(2) = \frac{1}{27}.
\end{aligned}
\qquad (6.5)
$$

이 경곗값 문제의 참해는 $y(t) = \dfrac{1}{(t+1)^3}$ 이며 파이썬 코드는 Python code 6.4와 같다.

Python Code 6.4

```
# Python code 6.4 written by Kiwoon Kwon
import numpy as np
import matplotlib.pyplot as plt

def F(t,Z):
    return 12*(Z[0]**(5/3))
def Fy(t,Z):
    return 20*(Z[0]**(2/3))
def Fyp(t,Z):
    return 0
def truef(t):
    return 1/((t+1)**3)

def NonlinearShooting(t,Z):
    return np.array((Z[1],F(t,Z),Z[3],Fyp(t,Z)*Z[3]+Fy(t,Z)*Z[2]))
tol = 1.e-4; t0 = 0; tf = 2; alpha = 1; beta = 1/27; N=10
m=(beta-alpha)/(tf-t0);
diff = beta + 10*tol #; j = 0

plt.figure(); j=0
while abs(diff) > tol:
    Z0 = np.array([alpha,m,0,1])
    Z,t = RKD(NonlinearShooting,t0,tf,Z0,N)
    if j==0:
        tr = truef(t)
```

```
        plt.plot(t,tr,'r-',label='true')
        j = 1
    plt.plot(t,Z[:,0],'b-')
    k = Z[-1,0]; diff = k-beta
    m = m - diff/Z[-1,2]
plt.axis([0,2,0,2]); plt.show()
```

그림 6.4에서 보는 바와 같이 푸른색의 근사해들이 반복수가 증가할수록 특히 2 근처에서 점점 붉은 색의 참해로 가까이 가는 것을 볼 수 있다.

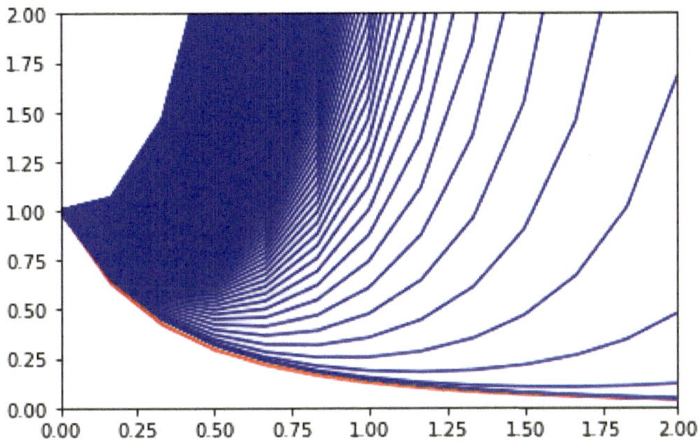

그림 6.4 경곗값 문제 (6.5)에 대한 비선형 발사법 근사해 들(푸른 색)과 참 해(붉은 색)

예제 6.5 (Python code 6.5, 그림 6.5)

다음의 경곗값 문제를 고려해 보자.

$$y''(t) = y'(t) - \frac{1}{t} + 2(y(t) - \log(t))^3,\ t \in (1,2), \qquad (6.6)$$
$$y(1) = 1,\ y(2) = 0.5 + \log(2).$$

이 경곗값 문제의 참해는

$$y(t) = \frac{1}{t} + \log(t)$$

이고, 파이썬 코드는 Python code 6.5와 같다.

Python Code 6.5

```
# Python code 6.5 written by Kiwoon Kwon
import numpy as np
import matplotlib.pyplot as plt

def F(t,Z):
    return Z[1] - 1/t + 2*(Z[0]-np.log(t))**3
def Fy(t,Z):
    return 6*(Z[0] - np.log(t))**2
def Fyp(t,Z):
    return 1
def truef(t):
    return 1/t + np.log(t)
def NonlinearShooting(t,Z):
    return np.array((Z[1],F(t,Z),Z[3],Fyp(t,Z)*Z[3]+Fy(t,Z)*Z[2]))

tol = 1.e-4; t0 = 1; tf = 2; alpha = 1; beta = 0.5 + np.log(2); N=100
m=(beta-alpha)/(tf-t0); diff = beta + 10*tol
plt.figure(); j=0
while abs(diff) > tol:
    Z0 = np.array([alpha,m,0,1])
    Z,t = RKD(NonlinearShooting,t0,tf,Z0,N)
    if j==0:
        tr = truef(t)
        plt.plot(t,tr,'r-',label='true')
        j = 1
    plt.plot(t,Z[:,0],label=str(j)+'-th')
    j = j+1
    k = Z[-1,0]; diff = k-beta
    m = m - diff/Z[-1,2]
plt.legend()
plt.show()

m=(beta-alpha)/(tf-t0); diff = beta + 10*tol
plt.figure(); j=1
while abs(diff) > tol:
    Z0 = np.array([alpha,m,0,1])
    Z,t = RKD(NonlinearShooting,t0,tf,Z0,N)
    plt.semilogy(t,Z[:,0]-tr,label=str(j)+'-th')
    j = j+1
    k = Z[-1,0]; diff = k-beta
```

```
    m = m - diff/Z[-1,2]
plt.legend()
plt.show()
```

그림 6.5에서 경곗값 문제 (6.6)에 대한 1,2,3,4회 반복 후의 비선형 발사법 근사 해들과 참해를 표시하였는데, 1회 반복보다 2회 반복 후 근사해가 참해에 엄청 가까워짐을 볼 수 있고, (a)의 경우 3,4회 반복 후 근사해와 참해를 구분할 수 없다. 오차의 절댓값을 로그 스케일로 표시한 (b)를 보면 3,4회 반복 후 오차가 줄어들음을 알 수 있다.

선형 발사법은 선형 경곗값 문제의 경우 한 번에 풀 수 있었고, 비선형 발사법은 1차원 초깃값 문제에 대한 Runge-Kutta 해법과 기울기 값 추정에 대한 Newton 해법에 기반 하였다. 1차원 공간에 대한 이산 단계의 크기(step size)를 h_x라 한다면 비선형 발사법은 $O(h_x^4)$에 해당하는 수렴성을 가지고 있어서 다음 두 절에 나오는 $O(h_x^2)$ 정도의 수렴성을 가지는 유한 차분법과 유한 요소법에 비해 효율적이다.

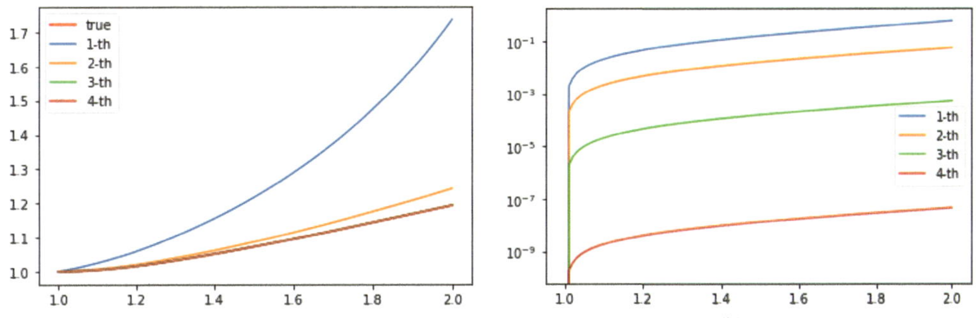

그림 6.5 경곗값 문제 (6.6)에 대한 1,2,3,4회 반복 후의 (a) 비선형 발사법 근사 해들과 참 해 그리고 (b) 참 해에 대한 오차들

하지만, 이 비선형 발사법은 1차원에서만 유효한 방법이고, 2차원 이상에서는 적용할 수 없다. 이는 1차원 구간의 경계는 두 점 밖에 안 되지만 2차원 이상에서 가장 단순한 영역이 주어져도 그 경계는 무한히 많은 점으로 이루어져있기 때문에 발사

법의 개념을 적용할 수 없기 때문이다. 이를 염두에 두고 유한 차분법과 유한 요소법에 대하여 알아보자.

6.2 유한 차분법 (FDM:Finite Difference Method)

경곗값 문제 (6.1)이나 선형 경곗값 문제 (6.2)를 유한 차분법으로 어떻게 푸는 지 알아보자. 유한 차분법은 2장에서 배웠던 테일러 전개에 근거한다. 여기서는 1계 미분과 2계 미분을 근사하는 방법과 선형 경곗값 문제 (6.2)에 대한 **유한 차분법**으로 푸는 방법에 대해 알아 볼 것이다.

주어진 진 점 x에서 미분 가능한 함수 f의 미분 $f'(x)$는 다음과 같이 표현할 수 있다.

$$f'(x) = \lim_{h\to 0}\frac{f(x+h)-f(x)}{h} = \lim_{h\to 0}\frac{f(x)-f(x-h)}{h} = \lim_{h\to 0}\frac{f(x+h/2)-f(x-h/2)}{h} \tag{6.7}$$

(6.7)에 나타난 세 가지 표현방식에서 분자 부분을 근사하기 위해 다음의 테일러 전개와 잉여 항에 대한 수렴오차를 고려해보자.

$$\begin{aligned}
f(x+h) &= f(x) + f'(x)h + f''(x)\frac{h^2}{2} + O(h^3) = f(x) + f'(x)h + O(h^2), \quad (6.8)\\
f(x-h) &= f(x) - f'(x)h + f''(x)\frac{h^2}{2} + O(h^3) = f(x) - f'(x)h + O(h^2),\\
f(x+h/2) - f(x-h/2) &= f'(x)h + O(h^3)
\end{aligned}$$

식 (6.8)를 이용해 보면 $f'(x)$에 대한 근사와 그 수렴 오차의 수렴차수(Convergence order)는 다음과 같다.

$$f'(x) = \begin{cases} \dfrac{f(x+h)-f(x)}{h} + O(h), & \text{Forward Difference} \\ \dfrac{f(x)-f(x-h)}{h} + O(h), & \text{Backward Difference} \\ \dfrac{f(x+h/2)-f(x-h/2)}{h} + O(h^2), & \text{Central Difference} \end{cases} \qquad (6.9)$$

세 가지 근사방법을 각각 **전방 미분**(Forward Difference), **후방 미분**(Backward Difference), **중앙 미분**(Central Difference)이라 부른다. 여기서, 중앙 미분은 다른 두 미분보다 수렴 정도가 하나 더 높은 $O(h^2)$ 이어서 다음에 나오는 $f''(x)$에 대한 $O(h^2)$ 근사식과 같이 2계 선형 경곗값 문제에서 널리 쓰인다.

$f''(x)$를 근사하기 위해 다음의 테일러 전개식을 고려하자.

$$f(x+h) = f(x) + f'(x)h + f''(x)\frac{h^2}{2} + f'''(x)\frac{h^3}{6} + O(h^4),$$
$$f(x-h) = f(x) - f'(x)h + f''(x)\frac{h^2}{2} - f'''(x)\frac{h^3}{6} + O(h^4).$$

이 두 식을 더하여 정리하면

$$f''(x) = \frac{f(x+h)-2f(x)+f(x-h)}{h^2} + O(h^2). \quad \cdots\cdots\cdots\cdots\cdots \quad (6.10)$$

이런 근사식을 얻을 수 있다.

(6.9)의 중앙 미분 근사식과 (6.10)의 이계 미분 근사식을 이용하면 선형 경곗값 문제(6.2)는 제곱 수렴 정도 $O(h^2)$ 이내에서 다음과 같이 근사할 수 있다.

$$\frac{y(x+h)-2y(x)+y(x-h)}{h^2} = p(x)\frac{y(x+h)-y(x-h)}{2h} + q(x)y(x) + r(x),\ x \in (a+h, b-h),$$
$$y(a) = \alpha,\ \ y(b) = \beta$$

구간 $[a,b]$를 N등분하여 $h = \dfrac{b-a}{N}$ 이라 하고, $i = 0,1,2,\cdots,N$ 에 대해

$$x_i = a + ih,\ y_i = y(x_i),\ p_i = p(x_i), q_i = q(x_i), r_i = r(x_i)$$

이라고 하면

$$(1 + \frac{h}{2}p_i)y_{i-1} - (2 + q_i h^2)y_i + (1 - \frac{h}{2}p_i)y_{i+1} = r_i h^2.$$

이 성립한다.

이 $N-1$ 식들을 행렬로 나타내면

$$A\ Y = C,$$

$$A = \begin{bmatrix} -(2+h^2q_1) & 1-\frac{h}{2}p_1 & 0 & \cdots & 0 \\ 1+\frac{h}{2}p_2 & -(2+h^2q_2) & 1-\frac{h}{2}p_2 & \cdots & 0 \\ \cdots & \cdots & \cdots & \cdots & \cdots \\ 0 & 0 & 0 & \cdots & 1-\frac{h}{2}p_{N-2} \\ 0 & 0 & 0 & \cdots & -(2+h^2q_{N-1}) \end{bmatrix}, \quad \cdots\cdots\cdots \ (6.11)$$

$$Y = \begin{bmatrix} y_1 \\ y_2 \\ \cdots \\ y_{N-2} \\ y_{N-1} \end{bmatrix}, \quad C = \begin{bmatrix} h^2r_1 - (1+\frac{h}{2}p_1)\alpha \\ h^2r_2 \\ h^2r_3 \\ \cdots \\ h^2r_{N-1} - (1-\frac{h}{2}p_{N-1})\beta \end{bmatrix}.$$

와 같이 나타낼 수 있고, 이 행렬식은 LU 해법이나 반복적인 해법들을 사용하여 풀 수 있다. 특히 1차원 경곗값 문제의 경우에는 (6.11)과 같이 행렬 A가 3중대각 행렬(Tridiagonal Matrix)로 나타나는데, 이 경우 일반적 LU 해법이 행렬의 크기가 $M \times M$일 때, $O(\frac{2}{3}M^3)$의 계산량이 드는 데 비해 훨씬 더 저렴한 $O(5M)$의 계산량이 드는 Thomas **해법**을 사용할 수 있다. 단, 이 토마스 해법은 1차원에만 적용되는 방법으로, 2차원 이상의 블록 3중대각행렬 (block tridiagonal)의 경우에는 블록과 블록 사이가 0 아닌 수로 채워지므로 사용할 수 없게 된다.

다음 Python code 6.6은 토마스 해법을 파이썬 코드로 구현한 것이다.

Python Code 6.6

```
# Python code 6.6 written by Kiwoon Kwon
import numpy as np
import matplotlib.pyplot as plt
#### Thomas
def Thomas(L,D,U,R):
    n = len(D); y = np.zeros((n,))
    U[0]=U[0]/D[0]; R[0]=R[0]/D[0]
    for j in range(n-2):
        denom = D[j+1]-L[j+1]*U[j]
        U[j+1]  = U[j+1]/denom;
        R[j+1]  = (R[j+1]-L[j+1]*R[j])/denom
    R[n-1] = (R[n-1]-L[n-1]*R[n-2])/(D[n-1]-L[n-1]*U[n-2])

    y[n-1] = R[n-1]
    for k in range(n-2,-1,-1):
        y[k] = R[k] - U[k]*y[k+1]
    return y
```

예제 6.6 (Python code 6.7, 그림 6.6)

아래 들보 휨 문제를 고려해보자. 이 문제는 탄성학에서 많이 나오는 문제이며 여러 가지 매개변수들을 간단히 하면 중력방향으로의 변형 y는 다음 경곗값 문제를 만족한다.

$$\begin{aligned} &y''(x) = y(x) + 0.01x(x-15),\ \ 0 < x < 15,\\ &y(0) = y(15) = 0. \end{aligned}$$

이 방정식의 해는 2계 선형방정식 풀이를 이용하여 풀면

$$y^{true}(x) = \frac{0.02}{\sinh(15)}(\sinh(x) + \sinh(15-x)) + 0.01x(15-x) - 0.02$$

이다.

들보 휨 문제는 선형 경곗값 문제 (6.2)에서 $p(x)=0, q(x)=1, r(x)=0.01x(x-15)$ 인 경우에 해당된다. 유한차분법을 사용하여 선형문제를 만들고, 토마스 해법으로 선형문제를 푸는 파이썬 코드는 아래 Python code 6.7과 같다.

Python Code 6.7

```
# Python code 6.7 written by Kiwoon Kwon
import numpy as np
import matplotlib.pyplot as plt

L = np.ones(10)
D = 3*np.ones(10)
U = np.ones(10)
R = 5*np.ones(10)
R[0]=4; R[-1]=4

y = Thomas(L,D,U,R)  # should be [1,1,1,...,1]

# 참 해 Beam(t)
def Beam(t):
    return 0.02/np.sinh(15)*(np.sinh(t)+np.sinh(15-t)) + 0.01*t*(15-t) - 0.02

N=10; h = 15/N
t  = np.linspace(h,15-h,N-1)
tr = Beam(t)

import copy
Di = (-2-h*h)*np.ones((N-1,))
Lo = 1.0*np.ones((N-1,))
Up = copy.copy(Lo) # call by value,   Up=Lo call by reference
#Up = 1.0*np.ones((N-1,))
Ri = 0.01*h*h*t*(t-15)
y  = Thomas(Lo, Di, Up, Ri)
plt.figure();
plt.plot(t,y,'b-',t,tr,'r-')
plt.xlabel('x')
plt.legend(["FDM","True sol"])
plt.show()

plt.figure();
plt.plot(t,y-tr,'b-')
plt.xlabel('x')
plt.title('The error')
plt.show()
```

그림 6.6에 유한 차분법을 이용한 들보 휨 문제의 해를 그렸다. (a)에서는 참 해와 유한 차분법 근사해를 그렸는 데, 둘이 겹쳐서 구분이 잘 되지 않는다. (b)에는 참 해와 근사해의 차이를 표시했는 데, 경계에서 약 $\frac{1}{200}$ 정도의 차이가 나고 들보의 중간에서는 $\frac{1}{1000}$ 보다도 적은 차이를 나타내는 것을 볼 수 있다. 이는 경계 내부에서 해가 경계에 비해 아주 매끄럽다는 것을 나타낸다.

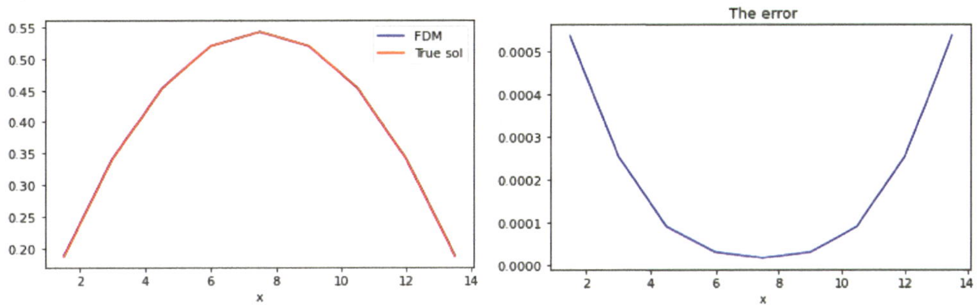

(a) (b)

그림 6.6 유한 차분법을 이용한 들보 휨 문제 풀이: (a) 참 해와 유한 차분법 근사해 (겹쳐서 구분 어려움) (b) 참 해와 근사해의 차이

6.3 유한 요소법 (FEM:Finite Element Method)

이제 유한 요소법에 대해 알아보자. 발사법이나 유한 차분법에서는 해가 적어도 두 번 이상 미분가능하다는 것을 가정하여야 한다. 하지만, 유한 요소법을 사용하면, 해가 연속이라는 가정만 하여도 유한 차분법과 같은 수렴 정도를 얻을 수 있다. 이외에도 2차원 이상에서 유한 차분법에 비해 유한 요소법은 경곗값 문제의 영역에 대한 제약이 덜하고, 수렴성과 수렴정도에 대한 분석이 보다 더 이론적이어서 오차에 대해 예측가능성이 큰 장점이 있다. 하지만, 경우에 따라서는 유한 차분법의 모델링이 유한 요소법보다 더 간편한 경우도 있어서 두 해법은 유체에서 많이 쓰이는

유한 체적법(Finite volume method)과 함께 기계공학 등의 분야에서 널리 쓰이고 있는 수치해법이다.

유한 요소법은 Galerkin(**갤러킨**) **해법**이라고도 불리는데, 테일러 전개에 기반한 유한 차분법과는 달리 미분 방정식 대신 약한 공식화(Weak formulation)에 기반하여 경곗값 문제를 푼다. 해의 존재성, 유일성, 유한 공간에서의 근사해가 참해로 수렴하는 것을 증명하기 위해서는 미분방정식 이론과 더불어 Sobolev(소볼레프) 함수 이론 등 함수해석학(Functional Analysis)의 여러 가지 이론들을 사용한다. 함수 해석학의 여러 풍부한 이론으로 인하여 수렴이 예측가능한 경우가 많은 편이다.

다음의 간단한 2계 미분방정식 경곗값 문제와 동치인 **Galerkin 해법**과 **Rayleight Ritz 해법**에 대해 알아보도록 하자. 단, 함수 f는 구간 $(0,1)$에서 연속인 함수라고 하자.

$$
\begin{aligned}
&(D)\ \text{다음을 만족하는 함수 } u \in C^2(0,1) \cap C^0[0,1] \text{ 를 찾아라.} \\
&-u''(x) = f(x),\ x \in (0,1), \\
&\quad u(0) = u(1) = 0,
\end{aligned}
\qquad \cdots\cdots\cdots\ (6.12)
$$

식 (6,22)를 만족하는 함수 u를 구하는 문제를 (D)라고 하자.

다음의 함수들로 이루어진 집합, 즉 함수 공간 A를 생각해보자.

$$A = \{w \in C^0[0,1] | w(0) = w(1) = 0,\ w' \text{는 조각적 연속이고 유한하다.}\}$$

이 함수 공간 A는 연속함수들의 공간 $C^0[0,1]$에 포함되면서, 미분가능한 함수들의 공간 $C^1(0,1) \cap C^0[0,1]$을 포함하는 공간이다. 이 함수 공간에 대하여 함수 u를 구하는 다음의 두 문제 (V), (M)을 고려해보자.

$$
\begin{aligned}
&(V)\ \text{함수공간 } A \text{에 있는 모든 함수 } v \text{에 대해 다음을 만족하는 함수 } u \in A \text{를 찾아라.} \\
&\int_0^1 u'(x)v'(x)dx = \int_0^1 f(x)v(x)dx.
\end{aligned}
$$

(M) 함수 공간 A에 있는 모든 함수 v에 대해 다음과 같이 정의된 F를 최소로 하는 함수 $u \in A$를 구하라.

$$F(v) = \frac{1}{2}\int_0^1 (v')^2(x)dx - \int_0^1 f(x)v(x)dx$$

세 문제 (D),(V),(M)이 동치임은 잘 알려져 있다. (D) 문제 대신 (V) 문제를 푸는 것을 Galerkin 해법이라 부르고, (M)문제를 푸는 것을 Rayleigh Ritz 해법이라 부릅니다. 위 세 문제가 동치임을 증명해 보자.

(D) ⇒ (V)

식 (6.12)의 양변에 함수 공간 A에 속하는 함수 v를 곱하여 0부터 1까지 적분하면

$$\int_0^1 -u''(x)v(x)dx = \int_0^1 f(x)v(x)dx$$

이다. 여기에 부분적분을 적용하고, $v(0) = v(1) = 0$임을 이용하면

$$\int_0^1 u'(x)v'(x)dx = \int_0^1 f(x)v(x)dx$$

임을 알 수 있다.

(V) ⇒ (M)

함수 공간 A에 속한 함수 v에 대해 $w = u - v$라고 하면, 함수 w역시 함수 공간 A에 속한다. 따라서,

$$\begin{aligned} F(v) &= F(u+w) \\ &= \frac{1}{2}\int_0^1 (u'(x)+w'(x))^2 dx - \int_0^1 f(x)(u(x)+w(x))dx \\ &= \frac{1}{2}\int_0^1 (u'(x))^2 dx - \int_0^1 f(x)u(x)dx + \frac{1}{2}\int_0^1 (w'(x))^2 dx \\ &\quad + \int_0^1 u'(x)w'(x)dx - \int_0^1 f(x)w(x)dx \\ &= F(u) + \frac{1}{2}\int_0^1 (w'(x))^2 dx \\ &\geq F(u) \end{aligned}$$

이므로 함수 u가 함수 공간 A안에서 F를 최소로 하는 함수임이 증명되었다.

(M) ⇒ (V)

함수 u가 함수공간 A안에서 F 를 최소로 하는 함수이므로 모든 함수 $v \in A$와 모든 실수 ϵ에 대해

$$F(u) \leq F(u+\epsilon v)$$

이다. 즉, $\phi(\epsilon) = F(u+\epsilon v)$ 이라 하면 실함수 ϕ는 0에서 최솟값을 갖고

$$\phi'(0) = 0$$

이다. 이제 $\phi(\epsilon)$을 전개하고 미분하여 0을 대입해 보면

$$\begin{aligned}
\phi(\epsilon) &= F(u+\epsilon v) \\
&= \frac{1}{2}\int_0^1 (u'(x)+\epsilon v'(x))^2 dx - \int_0^1 f(x)(u(x)+\epsilon v(x))dx \\
&= \epsilon^2 \int_0^1 (v'(x))^2 dx + \epsilon\left(\int_0^1 u'(x)v'(x)dx - \int_0^1 f(x)v(x)dx\right) \\
&\qquad + \left(\frac{1}{2}\int_0^1 (u'(x))^2 dx - \int_0^1 f(x)u(x)dx\right)
\end{aligned}$$

$$\phi'(\epsilon) = 2\epsilon \int_0^1 (v'(x))^2 dx + \left(\int_0^1 u'(x)v'(x)dx - \int_0^1 f(x)v(x)dx\right)$$

$$0 = \phi'(0) = \int_0^1 u'(x)v'(x)dx - \int_0^1 f(x)v(x)dx$$

따라서, 함수 u가 (V)를 만족함이 증명되었다.

(V)의 해는 유일하다.

만약 함수 u_1과 u_2가 함수 공간 A안에 속하면서 둘 다 (V)를 만족하면, 함수 공간 A안에 있는 모든 함수 v에 대해

$$\int_0^1 (u_1'(x) - u_2'(x))v'(x)dx = \int_0^1 u_1'(x)v'(x)dx - \int_0^1 u_2'(x)v'(x)dx = 0$$

이다. 함수 v는 함수 공간 A안에 있는 어떤 함수도 될 수 있으므로 특별히 $v := u_1 - u_2$ 라 하고 위 식에 대입해 보면

$$\int_0^1 (u_1{}'(x) - u_2{}'(x))^2 dx = 0$$

따라서, 모든 $x \in (0,1)$에 대해 $u_1{}'(x) - u_2{}'(x) = 0$이므로 함수 $u_1 - u_2$는 상수 함수가 된다. $u_1(0) = u_1(1) = u_2(0) = u_2(1) = 0$이라는 조건을 이용하면 함수 $u_1 - u_2$는 0이 되어야 하므로 두 함수 u_1과 u_2는 동일한 함수가 된다.

(V) ⇒ (D)

(V)를 만족하는 함수를 u_V라 하고, (D)를 만족하는 함수를 u_D라고 하자. 함수 u_D는 앞의 (D)=>(V) 증명에 의해 (V)도 만족한다. 하지만, 앞에서 증명한 바와 같이 (V)의 해는 유일해야 하므로, 함수 u_D와 함수 u_V는 같을 수 밖에 없다. 따라서, (V)를 만족하는 함수 u_V는 (D) 역시 만족한다.

위의 증명들을 종합하면 세 가지 문제가 동치임을 알 수 있다. 여기서, 유의해야 할 사실은 위의 증명은 (D),(V),(M)을 만족하는 해가 존재한다는 사실은 말해주고 있지 않다는 것이다. 즉 해의 존재성은 별개의 문제가 된다. 하지만, 세 문제 중 하나라도 해가 존재한다는 것이 알려지면 그 해는 세 문제를 모두 만족하는 해가 된다. 일반적으로 (D)나 (M)문제의 해의 존재성보다는 (V) 문제의 해의 존재성에 대해서 알려진 결과가 더 많은데, 예를 들어, (V) 문제를 쌍선형과 선형 형식 $a(u,v) = L(v)$으로 바꾸었을 때, 이 쌍선형 형식 a와 선형 형식 L이 적절한 조건을 만족하면 Lax-Milgram 정리에 의해 해가 존재함이 알려져 있다. 그리고, 우리가 사용한 쌍선형 형식 $a(u,v) = \int_0^1 u'(x)v'(x)dx$ 와 선형 형식 $L(v) = \int_0^1 f(x)v(x)dx$는 **Lax-Milgram 정리**의 조건을 만족하므로 (V) 문제의 해가 존재한다. 즉, (D)와 (M) 문제의 해가 존재한다는 뜻이다.

또한, 함수 공간 A는 다음의 Sobolev(소볼레프)공간으로 확장할 수 있다.

$$H_0^1(0,1) = \left\{ w \,\middle|\, \int_0^1 w^2(x)dx < \infty,\ \int_0^1 (w'(x))^2 dx < \infty,\ w(0) = w(1) = 0 \right\}$$

여기에서 미분은 함수의 미분의 개념을 넘어서는 **초함수**(Distribution)의 미분이고, 이 책의 범위를 넘어서므로 이 책에서는 다루지 않기로 한다.

식 (6.13)의 (V) 갤러킨 문제를 유한요소법으로 풀어보자. 무한 차원 함수 공간 A에 존재하는 해 u를 유한 차원(N차원) 함수 공간 A_N로 근사하고 이 공간 안에서 해 u에 대한 근사 해 u_N을 구하는 것이 유한 요소법의 기본 개념이다. 유한 차원 함수 공간에는 웨이블렛(Wavelet) 함수, B-spline 함수, 조각적 다항함수, 2차원에서 조각적 쌍선형 함수, 3차원에서 조각적 삼선형 함수 등도 사용되지만, 대표적으로 사용되는 것은 조각적 선형함수 이다. 여기서는 조각적 선형 함수를 유한 차원 함수 공간으로 사용하겠다. 즉, (V) 문제를 다음의 유한 차원에서의 문제 (V_N)로 근사해 보자.

> (V_N) N차원 함수공간 A_N에 있는 모든 함수 v에 대해 다음을 만족하는 함수 $u_N \in A_N$를 찾아라.
>
> $$\int_0^1 u_N'(x)v'(x)dx = \int_0^1 f(x)v(x)dx.$$

여기서, $h = \dfrac{1}{N}$이라고 할 때, 유한차원 함수 공간 A_N은 다음과 같이 정의할 수 있다.

$$A_N = \{\phi \in C^0[0,1] \mid \phi \text{ 는 구간 } [ih,\,(i+1)h], i = 1,\cdots,N-1 \text{ 에서 선형이다.}\}$$

기저 함수(Basis function) $\phi_i(i = 1,\cdots,N-1)$를 다음과 같이 정의하자.

$$\phi_i(x) = \begin{cases} \dfrac{1}{h}(x-(i-1)h), & (i-1)h \le x \le ih, \\ \dfrac{1}{h}((i+1)h-x), & ih \le x \le (i+1)h. \end{cases}$$

이 기저함수에 대해서 함수 공간 A_N은 다음과 같이 나타낼 수 있다.

$$A_N = span\{\phi_1, \phi_2, \cdots, \phi_{N-1}\} = \left\{ \sum_{j=1}^{N-1} d_j \phi_j \mid d_1, d_2, \cdots, d_{N-1} \in R \right\}$$

이 정의로 부터, (V_N)과 동치인 다음 문제(V_N^1)를 유도할 수 있다.

(V_N^1) 모든 $j = 1, \cdots, N-1$에 대해 다음을 만족하는 함수 $u_N \in A_N$를 찾아라.

$$\int_0^1 u_N'(x)\phi_j'(x)dx = \int_0^1 f(x)\phi_j(x)dx.$$

$u_N \in A_N$ 이라는 사실로부터 u_N을 적절한 실수들 $c_1, c_2, \cdots, c_{N-1}$에 대해 기저함수들의 선형조합

$$u_N(x) = c_1\phi_1(x) + c_2\phi_2(x) + \cdots + c_{N-1}\phi_{N-1}(x)$$

으로 나타낼 수 있다. 따라서, (V_N^1)은 다음과 같은 선형문제 (V_N^2)로 나타낼 수 있다.

(V_N^2) 다음을 A, b에 대해 $Ax = b$을 만족하는 $x = \begin{pmatrix} c_1 \\ c_2 \\ \cdots \\ c_{N-1} \end{pmatrix} \in R^{N-1}$을 구하여라:

$$Ax = b,$$

$$b = \begin{pmatrix} \int_0^1 f(x)\phi_1(x)dx \\ \int_0^1 f(x)\phi_2(x)dx \\ \cdots \\ \int_0^1 f(x)\phi_{N-1}(x)dx \end{pmatrix},$$

$$A = \begin{pmatrix} \int_0^1 \phi_1'(x)\phi_1'(x)dx & \int_0^1 \phi_2'(x)\phi_1'(x)dx & \cdots & \int_0^1 \phi_{N-1}'(x)\phi_1'(x)dx \\ \int_0^1 \phi_1'(x)\phi_2'(x)dx & \int_0^1 \phi_2'(x)\phi_2'(x)dx & \cdots & \int_0^1 \phi_{N-1}'(x)\phi_2'(x)dx \\ \cdots & \cdots & \cdots & \cdots \\ \int_0^1 \phi_1'(x)\phi_{N-1}'(x)dx & \int_0^1 \phi_2'(x)\phi_{N-1}'(x)dx & \cdots & \int_0^1 \phi_{N-1}'(x)\phi_{N-1}'(x)dx \end{pmatrix}$$

여기서, 행렬 A와 벡터 b를 구하기 위해서는, 두 가지 종류의 적분을 계산해야 한다. 직접 계산이 가능한 $\int_0^1 \phi_i'(x)\phi_j'(x)dx$ 와 수치적분을 써야 계산이 가능한 $\int_0^1 f(x)\phi_j(x)dx$가 있다. 수치적분 방법으로는 사다리꼴 공식(Trapezoidal rule), Simpson 공식, Gauss 적분 등이 있다. 가장 간단하게 각 구간 $[(j-1)h,\ (j+1)h]$ 에서 $f(x)$를 $f(jh)$로 근사하면

$$\int_0^1 f(x)\phi_j(x)dx = \int_{(j-1)h}^{(j+1)h} f(x)\phi_j(x)dx \approx f(jh)\int_{(j-1)h}^{(j+1)h} \phi_j(x)dx = hf(jh)$$

이다. 물론 다른 수치 적분을 사용하면 정확도가 더 올라갈 것이다.

ϕ_i와 ϕ_j의 지지 영역(support)은 $|i-j| \le 1$인 경우, 즉, $j = i-1, i, i+1$ 인 경우에만 겹치므로, 기저함수 미분의 곱에 대한 적분을 계산해 보면

$$\begin{aligned}\int_0^1 \phi_j'(x)\phi_{j+1}'(x)dx &= \int_0^1 \phi_{j-1}'(x)\phi_j'(x)dx = \int_{(j-1)h}^{jh} \phi_{j-1}'(x)\phi_j'(x)dx \\ &= \int_{(j-1)h}^{jh}\left(\frac{1}{h}\right)\left(-\frac{1}{h}\right)dx = -\frac{1}{h} \\ \int_0^1 \phi_j'(x)\phi_j'(x)dx &= \int_{(j-1)h}^{jh}\left(\frac{1}{h}\right)\left(\frac{1}{h}\right)dx + \int_{jh}^{(j+1)h}\left(-\frac{1}{h}\right)\left(-\frac{1}{h}\right)dx = \frac{2}{h}\end{aligned}$$

이다.

따라서, 구하고자 하는 행렬 A는

$$A = \frac{1}{h}\begin{pmatrix} 2 & -1 & 0 & \cdots & 0 \\ -1 & 2 & -1 & \cdots & 0 \\ 0 & -1 & 2 & \cdots & 0 \\ \cdots & \cdots & \cdots & \cdots & \cdots \\ 0 & 0 & 0 & \cdots & 2 \end{pmatrix}$$

이고, 벡터 b의 가장 간단한 근삿값은

$$b = h\begin{pmatrix} f(h) \\ f(2h) \\ f(3h) \\ \cdots \\ f((N-1)h) \end{pmatrix}$$

이다. 이렇게 f에 대한 적분을 가장 간단하게 근사한 경우는 유한 차분법으로 구한 행렬 문제와 정확히 일치한다. 하지만, f에 대한 적분에 다른 수치적분을 쓰거나 다른 미분방정식을 사용하는 경우에는 일반적으로 유한차분법과는 다른 행렬 문제가 된다.

일반적으로, 적절한 조건에서 (V_N^2)를 만족하는 해 u_N이 (V)의 해 u에 대해

$$\begin{aligned} \|u-u_N\|_{H^1(0,1)} &= \sqrt{\int_0^1 (u'(x)-u_N{}'(x))^2 + (u(x)-u_N(x))^2 dx} \\ &\le Ch\|u\|_{H^2(0,1)} = Ch\sqrt{\int_0^1 (u''(x))^2 + (u'(x))^2 + (u(x))^2 dx} \\ \|u-u_N\|_{L^2(0,1)} &= \sqrt{\int_0^1 (u(x)-u_N(x))^2 dx} \le Ch^2\|u\|_{H^2(0,1)} \end{aligned}$$

임이 알려져 있다[16]. 여기서 함수 공간 $H^1(0,1)$, $H^2(0,1)$은 Sobolev 공간 중 일부이며 이 공간에서의 **노음**(norm)은 위에서 정의한 바와 같고, **내적** 역시

$$\begin{aligned} (f,g)_{H^1(0,1)} &= \int_0^1 (fg+f'g') \\ (f,g)_{H^2(0,1)} &= \int_0^1 (fg+f'g'+f''g'') \end{aligned}$$

와 같이 정의 할 수 있다. 이런 구간 (0,1)에서 함수의 거동을 제어하는 오차 분석은 유한 요소법의 특징이고, 두 번 미분 가능한 함수에 대해서 점별 오차 분석을 하는 유한 차분법과는 다른 해석이 가능하다는 것을 의미한다.

경계값 문제를 푸는 방법에는 유한 차분법, 유한 요소법 이외에도, 기본 함수

(Fundamental solution)에 대한 경계적분을 이용하는 **경계요소법**(Boundary Element Method), 최근 많은 관심을 받고 있는 심층학습(Deep learning)에 기반한 **물리적 정보 기반 신경망 해법**(PINN: Physics Informed Neural Network) 등의 수치해법이 있다.

연·습·문·제

[6.1] 다음 경곗값 문제의 해의 존재성과 유일성에 대하여 논하시오.

$$y''(t)+2ty'(t)-(e^{t^2}+1)y(t)=\sec(t^3),\quad t\in(0,1),$$
$$y(0)=2022, y(1)=2023$$

[6.2] 다음 1계 미분방정식 경곗값 문제에 대한 비선형 발사법을 유도하시오.

$$y''(x)=f(x,y,y'),\ a\le x\le b,$$
$$y(a)=\alpha,\ y(b)=\beta$$

[6.3] $f(t)=t^t$ 가 다음 1계 비선형 경곗값 문제의 해가 됨을 보이고, 비선형 발사법으로 푸는 알고리즘을 제시하고, $f(5)$와 근사해의 $t=5$에서의 값의 차이가 0.001보다 작게 될 때까지 반복수에 따른 근사해 곡선을 참해 $f(t)$와 함께 표시하시오.

$$y''(t)=y'(t)(\log t+1)+\frac{y}{t},\ t\in(1,5),$$
$$y(1)=1,\ y(5)=3125$$

[6.4] [예제 6.6]의 경곗값 문제를 선형 발사법으로 푸는 방법을 설명하고, 파이썬으로 근사 해곡선을 그려보고, [예제 6.6]의 유한차분법에 의한 해와 같은 분할 간격 h을 썼을 때의 결과와 비교해 보시오.

[6.5] [예제 6.6]의 경곗값 문제를 비선형 발사법으로 푸는 방법을 설명하고, 파이썬으로 반복수 5회까지 근사 해곡선을 구하고, 선형 발사법으로 [6.4]에서 구한 근사해와 비교해보시오.

[6.6] [예제 6.6]의 경곗값 문제를 유한요소법으로 푸는 방법을 설명하시오. 유한차분법에 의해 만들어진 행렬문제와 언제 같아지는 지 논하시오.

제7장 부록

7.1 Newton 해법과 할선법의 수렴차수

이 절에서는 Newton 해법의 **수렴차수**(Convergence Order)에 대해 좀 더 엄밀한 증명을 소개하고자 한다[17]. 먼저 **분할 차분**(Divided difference)을 정의해 보자. 점 $x_0, x_1, \cdots, x_n$에 대해 실함수 f의 분할 차분은

$$
\begin{aligned}
f[x_0] &= f(x_0), \\
f[x_0, x_1] &= \frac{f(x_1) - f(x_0)}{x_1 - x_0}, \\
f[x_0, x_1, x_2] &= \frac{f[x_1, x_2] - f[x_0, x_1]}{x_2 - x_0}, \\
&\cdots\cdots \\
f[x_0, x_1, \cdots, x_n] &= \frac{f[x_1, x_2, \cdots, x_n] - f[x_0, x_1, \cdots, x_{n-1}]}{x_n - x_0}.
\end{aligned}
$$

와 같이 정의된다. 만약, $x_0 = x_1$이라면

$$f[x_0, x_0] = f'(x_0)$$

로 정의한다.

$n+1$개의 서로 다른 점 $x_0, x_1, \cdots, x_n$을 지나는 n차 다항식 $p_n(x)$는 다음과 같이 쓸 수 있다.

$$p_n(x) = \sum_{i=0}^{n} f[x_0, \cdots, x_i] \prod_{j=0}^{i-1} (x - x_j)$$

만약, $x_0 = x_1$이라면 다항식 $p_n(x)$는 $n-1$차 다항식이 된다.

일반적으로 다음의 정리가 알려져 있다.

정리 7.1

구간 $[a,b]$에서 정의된 함수 f가 구간 (a,b)에서 k번 미분가능하다고 하자. 그러면, 구간 $[a,b]$에 있는 $n+1$개의 서로 다른 점 $x_0, x_1, \cdots, x_n$에 대해

$$f[x_0, x_1, \cdots, x_n] = \frac{f^{(n)}(\xi)}{n!}$$

인 ξ가 a와 b 사이에 존재한다.

두 점 $(\alpha, f(\alpha))$, $(\beta, f(\beta))$를 지나는 직선의 방정식은

$$y = f(\alpha) + f[\alpha,\beta](x-\alpha)$$

이고, 이 직선이 x축과 만나는 점의 좌표를 γ라고 하면

$$\gamma = \alpha - \frac{f(\alpha)}{f[\alpha,\beta]}$$

이다. 만약, $\alpha = x_n, \beta = x_{n-1}$ 이면, γ는 할선법으로 구한 $n+1$번째 근사해 x_{n+1}이 되고, $\alpha = x_n, \beta = x_n$ 이면, γ는 Newton 해법으로 구한 $n+1$번째 근사해 x_{n+1}가 된다.

한편, r이 f의 근이라 할 때, $(\alpha, f(\alpha))$, $(\beta, f(\beta))$, $(\gamma, 0)$를 지나는 이차 다항식은

$$P_2(x) = f(\alpha) + f[\alpha,\beta](x-\alpha) + f[\alpha,\beta,\gamma](x-\alpha)(x-\beta)$$

로 나타낼 수 있다. x에 r를 대입하면 $P_2(r) = f(r) = 0$이므로

$$f[\alpha,\beta](r-\alpha) = -f(\alpha) - f[\alpha,\beta,r](r-\alpha)(r-\beta)$$

이고

$$r = \alpha - \frac{f(\alpha)}{f[\alpha,\beta]} - \frac{f[\alpha,\beta,r]}{f[\alpha,\beta]}(r-\alpha)(r-\beta) \\ = \gamma - \frac{f[\alpha,\beta,r]}{f[\alpha,\beta]}(r-\alpha)(r-\beta). \quad \cdots\cdots\cdots\cdots (7.1)$$

오차 수열 $e_n = r - x_n$이라고 하면, Newton 해법의 경우 $\alpha = x_n, \beta = x_n, \gamma = x_{n+1}$을 식 (7.1)에 대입하고 정리 7.1을 이용하면

$$e_{n+1} = -\frac{f[x_n, x_n, r]}{f[x_n, x_n]} e_n^2 = -\frac{1}{2}\frac{f''(\xi_n)}{f'(x_n)}$$

인 실수 ξ_n이 r과 x_n사이에 존재한다. 그러므로, $f'(r) \neq 0, f''(r) \neq 0$ 이면

$$\lim_{n\to\infty} \frac{|e_{n+1}|}{|e_n|^2} = \frac{|f''(r)|}{2|f'(r)|} \neq 0$$

가 성립한다. **따라서, $f'(r) \neq 0, f''(r) \neq 0$인 경우, Newton 해법의 수렴차수는 2 이고 근사오차계수는 $\frac{|f''(r)|}{2|f'(r)|}$다.**

할선법의 경우 $\alpha = x_n, \beta = x_{n-1}, \gamma = x_{n+1}$을 식 (7.1)에 대입하고 마찬가지로 정리 7.1을 사용하면

$$e_{n+1} = -\frac{f[x_n, x_{n-1}, r]}{f[x_n, x_{n-1}]} e_n e_{n-1} = -\frac{1}{2}\frac{f''(\xi_n)}{f'(\eta_n)} e_n e_{n-1}$$

인 두 실수 ξ_n, η_n이 r과 x_n사이에 존재한다. 따라서, n이 충분히 크면

$$e_{n+1} \approx -\frac{1}{2}\frac{f''(r)}{f'(r)} e_n e_{n-1}$$

이다. $A_n = \frac{|e_{n+1}|}{|e_n e_{n-1}|}$이라고 하면 $A_\infty = \lim_{n\to\infty} A_n = \frac{|f''(r)|}{2|f'(r)|}$ 이 되고, 만약 수렴

차수 H가 존재한다면

$$\lim_{n\to\infty}\frac{|e_{n+1}|}{|e_n|^H}=\lim_{n\to\infty}\frac{|e_n|}{|e_{n-1}|^H}=A>0$$

이 성립하므로

$$\lim_{n\to\infty}\frac{|e_{n+1}|}{|e_n|^H}=\lim_{n\to\infty}A_n|e_n|^{1-H}|e_{n-1}|=\lim_{n\to\infty}A_n\left(\frac{|e_n|}{|e_{n-1}|^H}\right)^{1-H}$$

가 성립해야 한다. 따라서, $H^2-H-1=0$ 인 양수 $H=\frac{1+\sqrt{5}}{2}$ 이고,

$$\lim_{n\to\infty}\frac{|e_{n+1}|}{|e_n|^H}=A=A_\infty=\frac{|f''(r)|}{2|f'(r)|}$$

이다. **따라서, $f'(r)\neq 0, f''(r)\neq 0$인 경우, 할선법의 수렴차수는 $\frac{1+\sqrt{5}}{2}$, 오차 수렴 계수는 $\frac{|f''(r)|}{2|f'(r)|}$**이다.

다음으로, $f'(r)=0$ 인 경우 Newton 해법의 수렴차수에 대해 알아보자[1]. 이 경우는 중근인 경우에 해당되는 데, 중근의 중첩도(Multiplicity)에 따라 M중근 ($M\geq 2$)이 될 수 있다. 즉,

$$f(x)=(x-r)^M g(x),\ g(r)\neq 0$$

인 경우, r은 함수 f의 M중근이라고 부른다. 이제, 이 경우에 대해서 Newton 해법의 수렴차수에 대해 알아보자. Newton 해법에 의한 근사해 수열은

$$x_{n+1}=x_n-\frac{f(x_n)}{f'(x_n)}=x_n-\frac{(x_n-r)g(x_n)}{Mg(x_n)+(x_n-r)g'(x_n)} \quad \cdots\cdots\cdots\cdots (7.2)$$

이다.

$$h(x) = x - \frac{(x-r)g(x)}{Mg(x)+(x-r)g'(x)}$$

이라고 하면, r은 함수 h의 고정점(Fixed point)이다.

$$h'(x) = 1 - \frac{g(x)}{Mg(x)+(x-r)g'(x)} - (x-r)\left[\frac{g(x)}{Mg(x)+(x-r)g'(x)}\right]'$$

이므로 $h'(r) = \frac{M-1}{M}$ 이다. Taylor 정리를 이용하여 (7.2)를 정리하여 보면 r과 x_n 사이에 있는 어떤 수 c_n에 대해

$$\begin{aligned} x_{n+1} = h(x_n) &= h(r) + h'(r)(x_n - r) + h''(c_n)(x_n - r)^2/2 \\ &= r + \frac{M-1}{M}(x_n - r) + h''(c_n)(x_n - r)^2/2 \end{aligned}$$

이 성립한다. 따라서,

$$e_{n+1} = \frac{M-1}{M}e_n + \frac{h''(c_n)}{2}e_n^2$$

이 된다. $\lim_{n\to\infty} e_n = 0$ 이고, $\lim_{n\to\infty} c_n = \lim_{n\to\infty} x_n = r$ 이므로,

$$\lim_{n\to\infty}\frac{|e_{n+1}|}{|e_n|} = \frac{M-1}{M}$$

이 된다. 따라서, **$f'(r) = 0$이고, r이 함수 f의 M 중근일 때, Newton 해법의 수렴차수는 1이고, 근사 오차 계수는 $\frac{M-1}{M}$ 이다.**

7.2 1계 미분방정식 초깃값 문제의 해의 존재성과 유일성

이 절에서는 정리 4.1(b)의 증명을 소개하겠다[7]. 함수 f를 영역 $D := [t_0 - \epsilon, t_f + \epsilon] \times (-\infty, \infty)$ 에서 유계라 하고, 절대 값이 M보다 작다고 가정하자. 양수 b와 ϵ보다 작은 양수 a에 대해 사각형 영역 $D' := [t_0 - a, t_0 + a] \times [y_0 - b, y_0 + b]$은 영역 D에 포함된다. 이 경우에 대해서, a와 $\frac{b}{M}$보다 작은 양수 c에 대해 1계 미분방정식 초깃값 문제 (4.1)의 해 $y(t)$가 $t_0 - c < t < t_0 + c$일 때 유일하게 존재함을 보이고자 한다.

이렇게 잡은 양수 c는 초기 조건을 만족하는 해가 계속 이 사각형 영역 D'에 있게 한다. 왜냐하면, $|y'(t)| = |f(t, y(t))| < M$ 이므로,
$|y(t) - y_0| \le M|t - t_0| \le Mc \le M\frac{b}{M} = b$ 이기 때문이다.

이제 존재성부터 증명해 보자. 초깃값 문제 (4.1)을 푸는 것은 다음 적분방정식의 연속인 해를 구하는 것과 동치이다.

$$y(t) = y_0 + \int_{t_0}^{t} f(\tau, y(\tau))d\tau, \quad |t - t_0| \le c$$

t에 대한 대칭성을 생각하면 $t_0 - c \le t \le t_0$일 때의 증명은 $t_0 \le t \le t_0 + c$와 비슷하기로 생략하기로 한다.

Picard 방법을 이용하기 위해

$$\begin{aligned} y_0(t) &= y_0, \\ y_n(t) &= y_0 + \int_{t_0}^{t} f(\tau, y_{n-1}(\tau))d\tau, \; n = 1, 2, \cdots \end{aligned}$$

로 정의하자. 먼저 $|y_n(t)-y_0| \le b,\ t_0 \le t \le t_0+c$를 증명할 것이다. $n=0$일 때 성립하는 것은 자명하다. 수학적 귀납법을 쓰기위해 $|y_{n-1}(t)-y_0| \le b$라 가정하면,

$$|y_n(t)-y_0| \le \int_{t_0}^{t} |f(\tau, y_{n-1}(\tau))| d\tau \le M(t-t_0) \le cM \le b$$

따라서, 수학적 귀납법에 의해 모든 자연수 n에 대해 $|y_n(t)-y_0| \le b$ 이다. 그리고, $(t, y_n(t))$는 시간 $t_0 \le t \le t_0+c$ 동안 영역 D'에 머물러 있다.

이제 함수 수열 y_n이 해 y로 수렴함을 보이자.

$$y_n = y_0 + (y_1 - y_0) + \cdots + (y_n - y_{n-1}) \quad \cdots\cdots (7.3)$$

와 같이 쓰고, n을 무한대로 보내면, 이 무한 급수 수열은 **균등수렴**(Uniformly Converge)한다. f의 변수 y에 대한 Lipschitz 상수를 L이라고 하고, 이를 이용하여 위의 각 항들의 상계를 구해보면

$$\begin{aligned}
|y_1(t)-y_0(t)| &\le M(t-t_0) \\
|y_2(t)-y_1(t)| &\le \int_{t_0}^{t} |f(\tau, y_1(\tau)) - f(\tau, y_0(\tau))| d\tau \le L \int_{t_0}^{t} |y_1(\tau) - y_0(\tau)| d\tau \\
&\le ML \int_{t_0}^{t} (\tau - t_0) d\tau \le \frac{ML}{2}(t-t_0)^2 \le \frac{MLc^2}{2}
\end{aligned}$$

이다. 자연수 n에 대해 수학적 귀납법을 사용하면

$$|y_n(t) - y_{n-1}(t)| \le \frac{ML^{n-1}c^n}{n!}$$

이 성립함을 쉽게 증명할 수 있다.

모든 상수 c에 대해 $\sum_{n=1}^{\infty}\frac{ML^{n-1}c^n}{n!}$ 이 수렴하므로, Weierstrass M-test에 의하여 식 (7.3)에서 우변의 n을 무한대로 보낸 무한 급수는 연속 함수 y로 수렴한다. y_n에서 n을 무한대로 보내면

$$\begin{aligned} y(t) = \lim_{n\to\infty} y_n(t) &= y_0 + \lim_{n\to\infty}\int_{t_0}^{t} f(\tau, y_{n-1}(\tau))d\tau \\ &= y_0 + \int_{t_0}^{t} f(\tau, \lim_{n\to\infty} y_{n-1}(\tau))d\tau \\ &= y_0 + \int_{t_0}^{t} f(\tau, y(\tau))d\tau \end{aligned}$$

이 과정은 함수 수열 y_n이 함수 y로 균등수렴하고 f가 연속이기 때문에 성립한다. 따라서, 우리는 해의 존재성을 증명하였고, 해가 연속인 미분함수를 가진다는 것도 식(4.1)로부터 명백하다.

다음으로, 유일성에 대해 증명해보자. 만약 $z(t)$가 또 다른 해라면

$$z(t) = y_0 + \int_{t_0}^{t} f(\tau, z(\tau))d\tau$$

이고

$$|y_n(t) - z(t)| \le \int_{t_0}^{t} |f(\tau, y_{n-1}(\tau)) - f(\tau, z(\tau))| d\tau$$

이다. 위에서 증명한 것과 같이 수학적 귀납법을 써서

$$|y_n(t) - z(t)| \le \frac{ML^n c^{n+1}}{(n+1)!}$$

을 보일 수 있고, n을 무한대로 보내면 $|y(t) - z(t)| \le 0$이 되므로 $y(t) = z(t)$이어야 한다. 따라서, 해는 유일하다.

7.3 추천 15주 수강계획

다음은 저자가 진행하였던 '수치해석 및 실습' 강좌에 대한 경험으로 추천하는 수강계획이다.

1주: 1장 : Python code 1.1 – 1.4
2주: 2장 : Python code 2.1 - 2.4
3주: 3장 1절 : Python code 3.1 - 3.4
4주: 3장 2절,3절 : Python code 3.5, 3.6
5주: 4장 1절 : Python code 4.1, 4.2
6주: 4장 2절 : Python code 4.3
7주: 4장 3절 : Python code 4.4 – 4.6
8주: 중간 고사
9주: 5장 1절,2절 : Python code 5.1
10주: 5장 3절-5절 : Python code 5.2 – 5.7
11주: 5장 6절,7절 : Python code 5.8 – 5.10
12주: 6장 1절 : Python code 6.1 – 6.5
13주: 6장 2절 : Python code 6.6, 6.7
14주: 6장 3절
15주: 기말 고사

··· 참고문헌

[1] A. Stanoyevitch, *Introduction to numerical ordinary differential equations using Matlab,* Wiley Interscience, USA, 2005

[2] 박응용, *점프 투 파이썬,* 이지스퍼블리싱, 2021

[3] 김준석 외 5인, *25시간만에 배우는 머신러닝 예제,* 이모션미디어, 2018

[4] https://wiki.mathnt.net/index.php?title=3차_방정식의_근의_공식, 2023년 4월 11일 검색

[5] 미적분학 교재편찬위원회(권기운 외 8인), *미적분학* 3판, 북스힐, 2022

[6] W. Hurewicz, *Lectures on ordinary differential equations,* The M.I.T. Press, USA, 1958

[7] P. D. Ritger and N. J. Rose, *Differential equations with applications,* McGraw-Hill Book Company, USA, 1968

[8] P. V. O'Neil 저, 공업수학교재편찬위원회 역, *공업수학 1* 8판, 북스힐, 2020

[9] P. V. O'Neil, *Advanced Engineering Mathematics,* 8th edition, Clengage Learning, 2011

[10] P. V. O'Neil 저, 공업수학교재편찬위원회 역, *공업수학 2* 7판, 북스힐, 2014

[11] J. Sobal, F.C. Loveland, *Infectious disease in a total institution:A study of the influenza epidemic of 1978 on a college campus,* Public Health Reports 97(1):66-72, 1982

[12] E. N. Lorenz. *Deterministic nonperiodic flow,* Journal of the Atomospheric Sciences 20(2):130-141, 1963

[13] 2023년 5월 4일 검색, https://ko.wikipedia.org/wiki/%EB%A1%9C%EB%A0%8C%EC%A6%88_%EB%B0%A9%EC%A0%95%EC%8B%9D

[14] 2023년 5월 4일 검색,
https://ko.wikipedia.org/wiki/%EC%97%90%EB%93%9C%EC%9B%8C%EB%93%9C_%EB%85%B8%ED%84%B4_%EB%A1%9C%EB%A0%8C%EC%A6%88

[15] H. B. Keller, *Numerical methods for two-point boundary value problems,* Blaisdell publishing, USA, 1968

[16] C. Johnson, *Numerical solution of partial differential equations by the finite element method,* Dover, USA, 2009

[17] 정상권, 김영희, 최홍원, *수치해석: 과학계산의 수학,* 교우사, 2012

찾아보기

저·자·약·력

권기운

동국대학교 수학과 교수

파이썬과 수치해석

초판발행 2023년 9월 15일

지은이 권기운

펴낸이 오판근
펴낸곳 (주) 교우
주　소 서울시 동대문구 약령시로 8 교우빌딩 2층 (주)교우
전　화 02-925-2861 / **팩　스** 02-925-2860, **편집부** 02-925-2825
홈페이지&북스토어 www.kyowoo.co.kr / **이메일** kyowoo@kyowoo.co.kr

등　록 1994년 3월 24일 제1994-000013호
ISBN 979-11-251-0378-3 (93410)

Published by Kyowoo Co., Ltd. Printed in Korea

값 20,000원

교우미디어는 (주) 교우의 Imprint 사입니다.
수학정원·과학정원은 (주) 교우의 새로운 브랜드명입니다.

잘못된 책은 구입하신 서점에서 교환해 드립니다.